Martin Schmiedel | Michael Stahl

Kein Herz aus Stahl

Außenseiter, Bodyguard, Herzenskämpfer

BRUNNEN
Verlag GmbH · Giessen

Zum Schutz von Persönlichkeitsrechten wurden einige Orts-
und Personennamen geändert.

Psalm 73 auf S. 129 zitiert in Anlehnung an die Lutherbibel, revidierter Text
1984, durchgesehene Ausgabe, © 1999 Deutsche Bibelgesellschaft, Stuttgart.
Psalm 91 auf S. 178 zitiert nach der Einheitsübersetzung der Heiligen Schrift
© 1980 Katholische Bibelanstalt, Stuttgart.

2. Auflage 2016

© 2016 Brunnen Verlag Gießen
Lektorat: Konstanze von der Pahlen
Umschlagfoto: Vitali Benz, Benz Bildschmiede
Alle Innenfotos: © Michael Stahl
Umschlaggestaltung: Jonathan Maul
Satz: Uhl + Massopust, Aalen
Druck: GGP Media GmbH, Pößneck
ISBN Buch 978-3-7655-0957-5
ISBN E-Book 978-3-7655-7393-4

www.brunnen-verlag.de

Unseren Eltern

Inhalt

Prolog

Ich bin früher aufgewacht als sonst und will am liebsten sofort aus dem Bett. Heute ist mein achter Geburtstag. Was ich wohl bekommen werde? Neue Schuhe? Einen Fußball? Wird Vater heute mit mir Autoskooter fahren? Oder gibt es doch endlich das Fahrrad, das ich mir schon so lange wünsche? Aufgeregt huschen meine Augen über die Zimmerdecke. Zwei Tapetenbahnen überlappen sich dort und bilden eine schmale, gut sichtbare Linie, die über die gesamte Decke läuft. Sie beginnt genau über mir. In der Mitte verschwindet sie kurz unter der tellergroßen Deckenleuchte aus Milchglas und setzt dahinter ihren Weg fort. Über dem Bett meiner Eltern kreuzt sie einen ausgefransten Wasserfleck. Mit seiner blassbraunen Farbe sieht er aus wie das Gesicht eines Indianerhäuptlings oder wie ein Hase auf dem Sprung.

Ich richte mich ein wenig auf. Auf die Ellenbogen gestützt, gucke ich vorsichtig zum großen Bett hinüber. Im dämmrigen Licht erkenne ich von Vater nicht mehr als ein wirres Haarbüschel in den weißen Kissen. Er atmet laut und gleichmäßig.

Leise schlage ich die Decke zurück und schleiche auf Zehenspitzen zur Zimmertür. Vater soll nicht meinetwegen aufwachen. Da bekommt er nur schlechte Laune. Langsam drücke ich die Klinke herunter und schlüpfe in den dunklen Flur hinaus.

In der Küche finde ich den Tisch gedeckt. Auf der rot-weiß karierten Wachstuchtischdecke stehen Butter, ein Glas Erdbeermarmelade, eine Flasche Milch und eine runde Kabadose. Bevor

Mutter aus dem Haus gegangen ist, hat sie vier Scheiben Weißbrot abgeschnitten und in den geflochtenen Brotkorb gelegt. Nachdem ich zwei der Schnitten mit Butter und einer dicken Schicht Marmelade beschmiert und gegessen habe, trinke ich den zweiten Becher mit einer Extraportion Kakao. Von Vater ist noch immer nichts zu hören. Es ist Samstag. Bloß gut. Da muss ich heute nicht zur Schule. Unschlüssig gehe ich ins Wohnzimmer und schalte unser altes Röhrenradio ein. Nach und nach werden die brummenden und pfeifenden Geräusche aus dem mit Stoff überspannten Lautsprecher deutlicher. Schließlich mischt sich Schlagermusik mit dem kaum hörbaren Rauschen des Regens, der vor dem Fenster in schmalen Fäden vom Himmel hängt. Ich sehe die nasse Straße hinab und beobachte die Tropfen, die der Wind an unsere Scheibe getrieben hat. Mit aller Kraft versuchen sie, an ihrem Platz zu bleiben. Doch einer nach dem anderen wird in die Tiefe gezogen. Es ist wie mit den Lerchen, die im Sommer über den Feldern hinter der Siedlung aufsteigen. Man muss sie nur lang genug beobachten, dann sieht man sie schließlich zur Erde stürzen.

Das ist wirklich kein schönes Wetter für einen Geburtstag. Bei diesem Regen werden wir bestimmt keinen Ausflug machen. Ich muss wieder an die Schuhe und den Fußball denken. Und wo könnte Vater das Fahrrad versteckt haben?

Das Knacken der Wohnzimmertür holt mich aus meinen Gedanken. Ich drehe mich um und sehe Vater erwartungsvoll in die Augen. Er lächelt nicht. Er steht nur da, groß und entschlossen, und starrt mich ausdruckslos an. Warum schweigt er? Wieso sagt er nichts? Hat er etwa vergessen, dass heute mein Geburtstag ist? Eine halbe Ewigkeit stehen wir uns wortlos gegenüber. Schließlich platze ich heraus: „Papa! Was bekomme ich zum Geburtstag?" Ich gehe einen Schritt auf ihn zu, aber Vater sagt noch immer nichts. Jetzt verdüstert sich der Ausdruck in seinem Gesicht unmerklich. Ein Fremder hätte die Veränderung wahrscheinlich gar nicht bemerkt, aber mir entgeht sie nicht. Mir entgeht keine Regung von ihm. Ich muss wachsam sein.

Mit finsterem Blick sieht Vater mich an. Wie die Klöppel einer seltsam stummen Glocke hängen seine Hände schwer herab. Am liebsten würde ich meine Frage zurücknehmen, aber dafür ist es zu spät. Ich weiß jetzt, wir werden nicht mit dem Autoskooter fahren. Und ich werde erst recht kein Fahrrad von ihm bekommen. Nun scheint Vater Luft zu holen. Will er doch endlich etwas sagen?

Als ich meine Augen wieder aufmache, spüre ich, wie sein warmer Speichel langsam mein Gesicht herabläuft.

„Reicht das?", fragt er mich unwirsch. Seine Augen funkeln düster. „Oder willst du noch mehr?" Es sind die ersten Worte, die ich heute von ihm höre. Meine Kehle ist wie zugeschnürt. Hoffentlich sieht er mein Zittern nicht. „Danke", sage ich leise. Aber da ist er schon zur Tür hinaus.

Tränen steigen mir in die Augen. Ich sehe das Zimmer nur noch verschwommen. „Adieu, mein kleiner Gardeoffizier. Vergiss mich nicht", singt eine sanfte Frauenstimme im Radio. In dicken Tropfen rollen die Tränen über meine Wangen und mischen sich mit der Spucke meines Vaters. Sie abwischen kann ich nicht. Das wäre zu einfach. Das wäre, als sei nichts geschehen.

Ich trete ans Fenster und sehe zum wolkenverhangenen Himmel hinauf. Gott soll sehen, was Vater mir angetan hat.

Bergstraße 94

Etwa drei Jahre vor meinem achten Geburtstag waren wir nach Flochberg gezogen. Weder mein Vater noch meine Mutter hatten mir erklärt, warum wir ein neues Zuhause suchten. Als ich auf der Bergstraße zum ersten Mal vor dem Haus mit der Nummer 94 stand, war es mir schnell klar.

Inmitten der hell getünchten Häuser erkannte man unseres an seiner graubraunen Farblosigkeit. An einigen Stellen löste sich der Putz in Blasen von den Wänden. An anderen war er bereits großflächig abgeplatzt und entblößte das Mauerwerk darunter. Dass die Dachschindeln nicht dicht hielten, sah man nicht auf den ersten Blick. Aber wir bemerkten es, als der erste Regen den Flecken an den Zimmerdecken neue Kraft gab.

Wenn ich die zehn Stufen zur Haustür hinaufstieg und den schmalen dunklen Flur betrat, stach mir jedes Mal ein dumpfer Kellergeruch in die Nase. Gleich hinter dem Eingang führte links eine Tür ins Schlafzimmer. Hier stand das große Bett meiner Eltern und an der gegenüberliegenden Wand eine Couch, auf der ich schlief. Die Schimmelflecken an unseren Wänden waren so groß wie bei Onkel Heinz die gerahmten Bilder.

Ein Badezimmer hatten wir nicht. Die Toilette war von der Küche mit einer dünnen Wand abgetrennt, die Waschküche in einem kleinen Anbau untergebracht. Wenn Mutter unsere Sachen wusch, bereitete sie zuerst heißes Wasser in der Küche und ging dann damit in die Waschküche hinaus, um dort Hemden, Hosen und Pullover in einem Trog vom Dreck zu befreien. Wir selbst wuschen uns mit dem Wasser in einer Emailleschüssel, die mal im Flur stand und mal auf dem Wohnzimmertisch. Der kleine Holzofen im Wohnzimmer war die einzige Heizmöglichkeit im ganzen Haus. Wenn überhaupt, wurde es im Winter nur dort richtig warm.

Schlimmer war für mich aber, dass man dem Haus schon auf den ersten Blick ansah, wie verkommen es war. Wahrscheinlich hatte allein die Tatsache, dass wir eine billige Bleibe brauchten, es vor der Abrissbirne bewahrt. Ich setzte alles daran, dass keiner erfuhr, wo ich wohnte.

Als wir einmal bei einem Schulausflug an dem gepflegten Häuschen vorbeikamen, in dem mein Klassenkamerad und Freund Marc mit seinen Eltern wohnte, sagte der Lehrer: „Schaut mal, wie schön manche Schüler wohnen. Wäre es nicht spannend, auf unseren Ausflügen nach und nach die Häuser aller Schüler zu besuchen?"

Allein die Vorstellung jagte mir einen Schauer über den Rücken. Am liebsten wäre ich sofort im Boden versunken. Mein Zuhause war mir einfach nur peinlich. Manchen Klassenkameraden erzählte ich, ich würde in dem kleinen weißen Haus unterhalb des Schlossbergs wohnen, wo ich meinen Onkel Heinz oft besuchte.

In der Grundschule war Marc mein bester Freund. Obwohl er viel bessere Schulnoten als ich hatte und seine Eltern im Vergleich zu meinen steinreich waren, verstanden wir uns bestens. Am liebsten spielten wir im Garten seiner Eltern Fußball. Marc war ein toller Freund. Weil ich kein Geld hatte, um mir in der großen Pause eine Milch zu kaufen, ließ er mir regelmäßig von seiner etwas übrig.

Marc lud mich auch zu seiner Geburtstagsfeier ein. Nachdem wir im großen und hellen Wohnzimmer eine Unmenge leckeren Streuselkuchen und Obsttorte gegessen hatten, spielten wir im Garten Räuber und Gendarm. Außerdem hatte Marcs Mutter ein

Quiz vorbereitet, bei dem es Preise zu gewinnen gab. Und natürlich spielten wir Fußball. Ohne Fußball wäre es gar kein richtiger Geburtstag gewesen.

Als ich gerade ein super Zuspiel von Marc verwandelt hatte, kam seine Mutter aus dem Haus gelaufen. „Es ist schon spät", rief sie. „Nach dem nächsten Tor ist Schluss. Dann fahre ich euch alle nach Hause."

Mir war gar nicht aufgefallen, dass es schon dämmrig wurde. Nachdem Marc das heiß umkämpfte Tor geschossen hatte, rannte ich verschwitzt zu seiner Mutter. „Danke für das Angebot", sagte ich außer Atem und so leise, dass es die anderen nicht mitbekamen, „aber ich bin allein hergekommen, da kann ich auch wieder allein zurück." Wenn Marcs Mutter unser Haus sah oder gar erfuhr, dass ich der Sohn eines arbeitslosen Trinkers war, würde ich sicher nie wieder zum Geburtstag eingeladen. Vielleicht würde sie mir sogar verbieten, mit Marc Fußball zu spielen.

„Kommt nicht infrage." Sie wuschelte mir lachend durch die Haare und duldete keine Widerrede. Also quetschten wir vier mit Grasflecken übersäten Jungs uns auf die Rückbank ihres roten Golfs. Marc durfte auch mitkommen und thronte als Geburtstagskind auf dem Beifahrersitz.

Nachdem wir die drei anderen Klassenkameraden abgeliefert hatten, saß ich allein auf der Rückbank. Schließlich bogen wir in die Bergstraße ein. Je näher wir dem schäbigen Haus mit der Nummer 94 kamen, umso unruhiger wurde ich. Um jeden Preis musste ich verhindern, dass Marcs Mutter die Wahrheit erfuhr. Gleich waren wir da.

„Da! Dort wohne ich." Mit dem ausgestreckten Finger zeigte ich auf das weiß abgeputzte Haus unserer Nachbarin Frau Lehmann.

„Hier also", sagte Marcs Mutter.

Doch statt auf der Straße zu halten, um mich aussteigen zu lassen, bog sie jetzt in den Hof ein. Mein Herz hämmerte. Ich bedankte mich so freundlich ich konnte und hoffte inständig, dass Frau Lehmann nicht gerade jetzt aus dem Fenster guckte. Als ich die Wagentür geöffnet hatte und von der Rückbank gerutscht war, winkte ich Marc und seiner Mutter zum Abschied. Aber sie fuhren nicht los.

„Ich warte noch, bis du im Haus bist", rief Marcs Mutter durchs offene Autofenster.

„Das muss nicht sein", versuchte ich sie loszuwerden.

„Doch, ich warte", blieb sie hartnäckig.

Wenn der Schwindel nicht in letzter Minute auffliegen sollte, blieb mir nichts anderes übrig, als jetzt bei Frau Lehmann zu klingeln. Ich drückte auf den blanken Knopf. Es dauerte einen Augenblick, dann hörte ich Frau Lehmanns zu tiefe Stimme aus den vielen kleinen Löchern in der Messingplatte links neben der Tür.

„Wer ist da?"

„Hallo, Frau Lehmann", sagte ich leise. „Hier ist der Micha. Kann ich mal bei Ihnen aufs Klo?"

„Ja, habt ihr denn keine Toilette?", fragte Frau Lehmann erstaunt.

„Schon", murmelte ich und überlegte. „Es ist nur ... die ist kaputt."

„Ja, wirklich?", sagte Frau Lehmann. Da summte endlich der Schnapper.

Entschlossen drückte ich die Tür auf und schlüpfte ins Haus, ohne mich umzusehen. Ich lauschte die Treppe hinauf. Frau Lehmann rührte sich nicht. Endlich hörte ich, wie der Golf gestartet wurde und rückwärts auf die Bergstraße einbog. Hastig zählte ich bis fünf, öffnete die Haustür und ließ Frau Lehmann mit ihrem Klo allein zurück. So schnell ich konnte, huschte ich zu unserem Haus hinüber, nahm meinen Schlüssel aus der Hosentasche und verschwand im dunklen Flur. Glück gehabt!

Doch so glimpflich ging es nicht immer aus. Am Wandertag unserer Schule spazierte unsere Klasse mit zwei anderen zur

Ruine auf den nahe gelegenen Schlossberg. Wir interessierten uns kaum für das, was die Lehrerin über die Geschichte der mittelalterlichen Burg erzählte. Vom Ort aus sahen wir sie ja jeden Tag. Viel spannender fanden wir es, uns hinter den Mauerresten zu verstecken oder hinaufzuklettern.

Auf dem Rückweg bemerkte ich plötzlich, dass wir geradewegs auf unser Haus zusteuerten. Mein Mund wurde trocken. Wenn jetzt irgendeiner herausposaunte, dass die Stahls in der Bruchbude Nummer 94 zur Miete wohnten, war es aus mit mir. Einige Schüler waren schon am Haus vorbei. Ich lief hinter ihnen, den Blick starr geradeaus. Vor Aufregung wagte ich kaum zu atmen. Gleich war es geschafft.

„Da, in dem Haus wohnt der Micha", rief Manfred in diesem Moment. Ich erstarrte. Woher kannte ausgerechnet der große, dunkelhaarige Manfred, der mich sowieso auf dem Kieker hatte, meine Anschrift? Als wäre es das Signal, auf das alle gewartet hatten, rannten sämtliche Kinder in unseren kleinen Hof. Sie lachten und kreischten. „Da wohnt der Micha." „Da wohnt der Michael." Stumm stand ich auf dem Gehweg und fühlte mich, als hätten sie mir alle Kleider vom Leib gerissen.

Noch mehr als für unser Haus schämte ich mich für meinen Vater. Wenn er morgens aus dem Haus ging, hatte er keine Aktentasche unterm Arm und trug auch keinen Blaumann. Beides brauchte er nicht. Was er brauchte, war das Kleingeld in seiner Hosentasche, damit er im Gasthof *Zum Lamm* das Bier bezahlen konnte, das er dort regelmäßig trank. Er war 29 Jahre alt gewesen, als er beschlossen hatte, fürs Arbeiten zu krank zu sein. Damals tauschte er die Werkbank gegen den Ausschank und blieb sein Leben lang dabei.

Meist kam er erst am Nachmittag aus dem *Lamm* zurück und verbrachte den Rest des Tages auf der Wohnzimmercouch mit Schlafen oder Fernsehen. Manchmal ging er am Abend noch einmal in die Kneipe. Kam er von dort nicht zur gewohnten Zeit zu-

rück, schickte Mutter mich, ihn zu holen. Ich hasste diese Boten-
gänge. Hätte Vater nach Hause gewollt, wäre er doch von allein
gekommen. Stattdessen musste ich ihn vor seinen schwermütig
über die halb leeren Gläser stierenden oder ausgelassen frotzeln-
den Kumpanen überreden, mit mir nach Hause zu gehen, was
jedes Mal ein Kampf war.

Wenn ich aus der Schule kam, wusste ich nie, in welcher Stimmung ich ihn antreffen würde. War etwas nicht nach seinen Vorstellungen verlaufen, musste ich mich in Acht nehmen. Hatte er
beim Kartenspiel gewonnen oder spuckte der Spielautomat ihm
unverhofft ein paar Mark aus, war er gut gelaunt. Dann spielten
wir gemeinsam *Mensch ärgere dich nicht* oder sahen uns Serien
wie *Die Straßen von San Francisco* oder *Die Profis* an.

Manchmal spielten wir in unserem langen und schmalen Flur
sogar Fußball. Dann war die Eingangstür mein Tor und der
Durchgang zur Küche seins. Wenn wir den kleinen Gummiball
mit Karacho durch den Gang trieben, waren weder Tapete noch
Lampe sicher. Deswegen erlaubten wir uns diesen Spaß auch nur,
wenn Mutter unterwegs war.

Stand ein Boxkampf von Muhammad Ali an, gab es für uns nur
einen Platz: den vor dem Fernsehapparat. Obwohl die Kämpfe
für einen Jungen in meinem Alter viel zu spät ausgestrahlt wurden, war Vater hier großzügig. Diese spannenden Minuten waren
ihm so wertvoll, dass er sie auch mir gönnte. So saßen wir nachts
gemeinsam im Wohnzimmer und verfolgten gebannt Alis flie-
gende Fäuste. Vater machte es sich auf dem Sofa bequem. Ich
kauerte auf dem Teppich davor. Den Rücken gegen die Armlehne gedrückt, verfolgte ich gespannt das Geschehen. Alis leichte
Schritte, sein geschicktes Ausweichen und die kräftigen Schläge,
die er in erbarmungslosen Salven auf seine Gegner niederpras-
seln ließ, hatten ihm auf der ganzen Welt Siege und Bewunderung
eingebracht. Kaum einer, der ihn nicht kannte.

Beschrieben die Fernsehkommentatoren seine Gegner auch als

noch so furchterregend oder berüchtigt, Ali schien keine Angst zu kennen. Mutig und vor Siegeswillen strotzend stieg er Mal um Mal in den Ring. Erwischte ihn ein Haken, schüttelte er energisch den Kopf, um den Kampfrichtern anzuzeigen, dass ihm dieser Schlag nichts hatte anhaben können.

Manchmal bat ich Gott, dass Ali gewinnen würde. Manchmal betete ich, diesen Kämpfer einmal treffen zu dürfen. Ali war mein Held. Er war stark. Er war klug. Er gab nie auf und kämpfte wie ein Löwe. Und er siegte.

Gern wäre ich gewesen wie er. Gern wäre ich Angriffen so geschickt ausgewichen wie er. Aber nicht, um danach wegzurennen. Sondern um im nächsten Moment mit umso größerer Wucht auf meinen Gegner zuzustürmen und ihm den einen, alles entscheidenden Schlag zu versetzen.

Wenn Alis dunkler Körper in heller Hose durch den Ring tänzelte und die Stimme des Kommentators die Spannung ins Unermessliche steigerte, hatte ich das Gefühl, erst beim nächsten Gongschlag weiteratmen zu können. Ali entführte mich in eine andere Welt. Ich war eins mit dem großen Mann, dem jeder Respekt entgegenbrachte, über den sich keiner lustig machen durfte und der sich von niemandem herumschubsen ließ. Dann vergaß ich meine eigenen Niederlagen und die Schläge, die ich eingesteckt hatte. Dann vergaß ich auch, dass sie oft von dem Mann kamen, der gerade hinter mir auf dem Sofa saß.

Jesus schläft nie

Der erste Tag im neuen Schuljahr war für mich immer der schlimmste. Wenn die Klassen neu zusammengestellt waren, musste sich jeder vorstellen. Meist saß ich in der letzten Reihe und hörte angespannt zu, was die anderen erzählten. „Ich bin der Alexander Schulz. Ich spiele gern Fußball. Und mein Papa ist Klempnermeister." „Ich bin die Susann Freitag. Meine Hobbys sind Malen und Pferde, mein Papa arbeitet in der Apotheke." So ging es von einem zum anderen. Mit jedem Namen kam die Reihe näher an mich. Was sollte ich sagen? Mein Vater ging nie zum Elternabend. Das übernahm Mutter immer. Aber sollte ich verleugnen, dass ich einen Vater hatte? „Ich bin der Michael Stahl", fing ich zögerlich an. Klar, auch bei mir stand Fußball ganz oben auf der Liste. Aber so weit kam ich gar nicht. Da schrie schon einer: „Und dein Vater ist ein Säufer!" So ging es Jahr um Jahr. Es war wie bei einem Spießrutenlauf. Ich wusste nicht, woher der nächste Hieb kommen würde. Dass er kam, war dafür sicher. Manchmal hatte ich schon im Herbst Angst, mich im nächsten Schuljahr wieder vorstellen zu müssen.

Auf dem Weg zur Schule machte ich oft einen kleinen Umweg vorbei an der Klausnerschen Scheune. Die Scheune war eigentlich ein großer Schuppen, eine robuste Holzkonstruktion aus alten Balken. Im vorderen Teil stand der Traktor des alten Klausner. Dort war morgens mein Platz. Weil ich zu Hause keinen Ort hatte, an dem ich ungestört war, erledigte ich meine Hausaufgaben hier. Viel Zeit blieb meist nicht und das Schreiben auf den

Trittstufen zur Kabine war nicht ganz einfach. Aber es war schon besser, ich hatte etwas in meinem Heft stehen, wenn Lehrer Pregler mit ernster Stimme forderte, die erledigten Aufgaben auf den Tisch zu legen.

Also hob ich meinen Ranzen vom Rücken und nahm die Hefte heraus. Wie lang braucht ein Rasenmäherfahrer, um einen Fußballplatz von bestimmter Größe zu mähen?, lautete die Hausaufgabe für Mathe. In Geografie würden heute die europäischen Hauptstädte abgefragt. Für die Rechenaufgabe fand ich schnell eine Lösung, und was die Hauptstädte anging, war ich mir sicher, Paris, Wien, Berlin und London richtig zuordnen zu können.

Zur Leistungskontrolle musste Marc nach vorne gehen. Er wusste nicht nur, dass Bern die Hauptstadt der Schweiz ist und Madrid zu Spanien gehört, sondern konnte auch die letzte Frage beantworten, die Herr Pregler mit leicht gerunzelter Stirn gestellt hatte. Belfast, erklärte Marc, sei die Hauptstadt keines Landes, sondern die von Nordirland, das wiederum zu Großbritannien gehöre, genau wie Schottland und Wales.

„Streber", murmelte Manfred halblaut, der drei Plätze neben mir ebenfalls in der letzten Reihe saß. Er war einen Kopf größer als ich und warf mir einen Blick zu, als hätte nicht Marc eine Eins, sondern er eine Vier bekommen und als sei das allein meine Schuld. Ich wich seinem Blick aus und sah wieder nach vorn. Während Marc zu seinem Platz in der zweiten Reihe schlenderte, vermerkte Pregler seine Note. Marc war wirklich ein schlauer Bursche. Das musste ich neidlos anerkennen.

„Hast du heute Lust auf Fußball?", fragte ich ihn in der großen Pause nach der Geografiestunde.

„Ja", sagte Marc, „komm einfach vorbei."

Kaum hatte ich meinen Ranzen zu Hause abgelegt und den kalten Kartoffelbrei mit gerösteten Zwiebeln gegessen, machte ich mich auch schon auf den Weg. Rasch lief ich den Berg hinauf zur Siedlung mit den kleinen weißen Häusern und dunklen

Dächern. Im vorletzten Haus, fast am Ende der Straße, wohnte Marc. Von hier konnte man den halben Ort überblicken.

Ich klingelte, aber niemand öffnete die Tür. Ich schaute in den Garten, konnte Marc jedoch vom Zaun aus nicht entdecken. Also schlenderte ich ein wenig die Straße entlang und setzte mich auf den Bordstein. Vielleicht würde Marc bald nach Hause kommen. Stattdessen bog auf einmal Manfred auf seinem Fahrrad aus einer Seitenstraße. Als er mich bemerkte, fuhr er dicht heran.

„Na, willst du zu Mama-Marc? Der schreibt dir wohl die Hausaufgaben, was?"

Ich sah zu Manfred hoch. Er guckte mich mit seinem stumpfen Grinsen an, das ich so wenig ausstehen konnte. Ich stand auf, um mich außer Reichweite seines Fußes zu bringen. „Hau ab", sagte ich. „Du hast doch keine Ahnung."

„Ach", sagte Manfred und äffte mich nach, „ich hab ja keine Ahnung. Das musst gerade du sagen. Weißt du was …"

„Hau ab", sagte ich noch einmal, ging ein paar Schritte zur Seite und hob drei kleine Steine auf. Manfred schien es nicht bemerkt zu haben. Er hatte das Interesse an mir schon wieder verloren und rollte langsam den Berg hinab. Mehr trotzig als mutig warf ich ihm einen Stein hinterher. *Klong* machte es auf dem Schutzblech seines Hinterrades. Verdutzt sah sich Manfred um, bremste abrupt und stieg vom Rad. Ich war selbst überrascht, dass ich getroffen hatte.

Ich stand auf der Mitte der Straße. Zwei Steine hatte ich in der Hand. Jetzt suchte sich auch Manfred Munition. Kurz darauf flogen seine Geschosse sirrend an mir vorüber. Eine Art Schneeballschlacht mit Kieseln begann. Ich versuchte immer dann zu zielen, wenn Manfred gerade neue Steine suchte und sich schlecht wegducken konnte. Aber auch ich musste mich immer wieder neu mit Munition versorgen. Zuletzt hatte ich wieder Manfreds Rad getroffen, was ihn offensichtlich wütend machte. Als ich eben einige gute Geschosse aufgehoben hatte und mich nach Manfred umsah, bemerkte ich einen kleinen Schatten über mir. Kurz darauf krachte ein großer, eckiger Stein an meine Stirn. Erst spürte ich nichts, dann kam der Schmerz und mit dem Schmerz das Blut. Es rann über meine Braue, tropfte von dort auf die Wange und war verdächtig schnell auch auf meinem T-Shirt angekommen. Als Manfred sah, was passiert war, warf er schnell seine restlichen Steine weg, sprang aufs Rad und raste davon.

Erst freute ich mich, als Sieger aus dieser Schlacht hervorgegangen zu sein. Doch dann fiel mir das Blut wieder ein, das inzwischen schon auf den Asphalt tropfte. Ich musste etwas unternehmen.

Weil ich keine andere Idee hatte, lief ich wieder zu Marcs Haus und drückte heftig auf die Klingel. Tatsächlich öffnete mein Freund diesmal die Tür. Er sah mich mit großen Augen an. Seine Eltern waren nicht zu Hause. Allein wussten wir uns nicht zu helfen und rannten schnell zum Nachbarn. Auch hier war niemand da. Wir versuchten es beim nächsten und übernächsten Haus. Überall klingelten wir vergebens.

Endlich, beim vierten Haus, der rote Fleck auf meinem T-Shirt leuchtete inzwischen unübersehbar, öffnete sich eine Tür. Marc und ich zuckten zurück. Im Rahmen stand Herr Hampel und sah uns mit hochgezogenen Augenbrauen an. Wie alle Kinder in der Siedlung wussten wir, dass hier der Deutschlehrer wohnte. Aber im Eifer des Gefechts hatten wir nicht mit ihm gerechnet.

Da die Not offensichtlich war, ließ er uns an der Schwelle warten und kam mit zwei Binden zurück. Die erste rutschte mir blutverschmiert wieder vom Kopf wie eine zu kleine Mütze. Doch die zweite hielt und wir bedankten uns sehr höflich für seine Hilfe.

Zu Hause kam mir Vater im Flur entgegen. Er sah mich fragend an. „Manfred hat mit Steinen nach mir geworfen", erklärte ich meine verbundene Stirn. Hoffentlich fragte er jetzt nicht danach, wie der Streit in Gang gekommen war. Doch meine Sorge war unbegründet. „Hättest du halt besser aufgepasst", sagte er und schlurfte in die Küche.

Leise weinend verdrückte ich mich ins Schlafzimmer. Denn obwohl mir unser verfallenes Haus vor anderen so peinlich war, gab es hier einen Ort, den ich liebte. Dorthin flüchtete ich mich, wenn ich wieder einmal das Gefühl hatte, dass sich die ganze Welt gegen mich verschworen hatte.

Ich entdeckte ihn an einem Nachmittag, der so nebelig und feucht war, dass ich nicht einmal Lust auf Fußball hatte. Auch Lesen oder Fernsehen wollte ich nicht. Gelangweilt ging ich in dem menschenleeren Haus von einem Zimmer ins andere. Es war, als suchte ich etwas, ohne zu wissen, was es war. Da fiel mein Blick im Schlafzimmer auf ein Bild an der Wand. Es war ein einfacher Kunstdruck, der mit vier kleinen Nägeln in Höhe des oberen Scharniers links neben der Tür befestigt war. Ich hatte das Gefühl, dass das Bild schon länger dort hing. Und doch bemerkte ich es an jenem denkwürdigen Tag zum ersten Mal bewusst. Ich blieb stehen und sah es mir genau an. Es zeigte einen Mann, der liebevoll und gütig zu mir herabsah. Ich wusste, dass es Jesus war. Sein friedliches Gesicht wurde von einem Bart und braunen, schulterlangen Haaren sanft umrahmt. Einladend streckte er seine Hände nach mir aus.

Ich stand lange unter dem Bild und betrachtete es. Ich sah Jesus an. Je länger ich so dastand, umso größer wurde in mir das Gefühl, dass er meinen Blick erwiderte. Er schien mir direkt in die Augen zu sehen. Und irgendwie war mir klar, dass er mich länger kannte als ich ihn. Das fühlte sich gut an und auch ein bisschen unheimlich. Ohne meinen Blick abzuwenden, ging ich ein Stück nach rechts. Jesus sah mich immer noch an. Jetzt machte ich vier Schritte nach links. Auch hier blickte er liebevoll auf mich. Erstaunt lief ich im Schlafzimmer hin und her. Egal wohin ich ging, schaute ich zum Bild, sah Jesus mich an.

Vielleicht konnte ich ihn mit einem kleinen Täuschungsmanöver überraschen? Ich kroch unter das Bett meiner Eltern und blieb dort eine Weile regungslos liegen. Blitzschnell streckte ich dann meinen Kopf hervor. Ich wollte Jesus dabei ertappen, wenn er gerade nicht aufpasste und woanders hinschaute.

Doch wieder sah er mich an. Er meinte wirklich mich.

Draußen waberte der Nebel immer dichter. Aber ich hatte den Eindruck, dass es im Zimmer heller wurde, je länger ich das Bild ansah. Zufriedenheit breitete sich in mir aus. Und ohne dass ich hätte sagen können, warum, wuchs in mir die feste Gewissheit, dass Jesus mich nicht nur kannte, sondern auch für mich war und mein Bestes wollte.

Von da an ging ich immer wieder zu ihm hin. Wenn ich enttäuscht oder niedergeschlagen war, stellte ich mich vor Jesus und klagte ihm mein Leid. Noch näher konnte ich ihm sein, wenn ich auf das Bett der Eltern stieg und meine Wange an seine legte. Dann strömten Frieden und Hoffnung in mein Herz.

Vater und Mutter erzählte ich davon nichts. Sie schienen den Jesus in ihrem Schlafzimmer kaum zu beachten und zu kennen. Vater hatte mir zwar ein paar Kirchenlieder und Gebete beigebracht. Aber eigentlich nutzte er Gott lieber als Rutenersatz, wenn er für seine Wut gerade keinen Schuh zur Hand hatte oder zu müde war, nach mir zu treten. Hatte ich keine Lust, mit ihm durch die umliegenden Dörfer zu ziehen und die Bauern um Lebensmittel anzubetteln, drohte er, Gott würde mir eine Krankheit schicken, wenn ich nicht mitkäme. Plagten ihn seine Bauchschmerzen wieder einmal so heftig, dass er nicht wusste, wohin mit seiner Hilflosigkeit, beschimpfte er mich: „Ich bin so krank, weil du so böse zu mir warst. Dafür wird Gott dich bestrafen!"

Den liebevollen Jesus, der die Menschen einlädt, mit allen Lasten und Problemen zu ihm zu kommen, um bei ihm zur Ruhe zu kommen, kannte ich nur von meiner Oma oder aus Filmen wie *Jesus von Nazareth* oder *König der Könige*. Und aus der 200 Meter von unserem Haus entfernt stehenden Flochberger Dorfkirche *Maria Heimsuchung*.

Dorthin ging ich fast jeden Sonntag, meine Mutter und mein

Vater nur selten, meistens zu Beerdigungen. Aber auch wenn sie zu Hause blieben, besuchte ich den Gottesdienst. Auch um der peinlichen Befragung des Religionslehrers aus dem Weg zu gehen, wo ich mich am vergangenen Sonntag herumgetrieben hätte. Also zog ich Sonntag für Sonntag das weiße Hemd an und setzte mich zu den anderen Kindern in den ersten drei Reihen ins Gestühl.

Gespannt sah ich den Pfarrer an. Ich hörte ihm aufmerksam zu und beobachtete, ob die anderen es auch taten. Wenn er uns den Rücken zuwandte und mit ausgebreiteten Armen betete, zählte ich die Falten in seinem Talar. Ich sah gern zum Heiligen Joseph in seiner Mauernische hinauf oder zum Gekreuzigten. Immer wieder ging mir die Frage durch den Kopf, warum der gewaltige Glasleuchter mit seinen drei mal fünfzehn Kerzen nicht in den Gang zwischen die Bänke fiel und wie es wohl scheppern und splittern würde, wenn es einmal doch geschah.

Lieber als am Sonntag kam ich in der Woche in die Kirche. Dann hatte ich den hellen Raum oft ganz für mich allein. Sobald ich die braune Seitentür aufgedrückt und hinter mir geschlossen hatte, umfing mich eine angenehme Stille.

Manchmal stand ich minutenlang unter dem Kruzifix an der Wand und sah zum leidenden Jesus hinauf. Wir beide hatten etwas gemeinsam. Auch er war verlacht, geschlagen und getreten worden. Er wusste genau, wie es sich anfühlte, wenn einem fremder Speichel übers Gesicht lief. Er war der Einzige, der mich wirklich verstand und nachempfinden konnte, was ich fühlte. Der Jesus am Kreuz war mein Verbündeter und mein Freund.

Wenn ich ganz dicht unter ihm stand und meine Stirn an die Wand legte, an der das Kreuz angebracht war, dann konnte ich ihm nahe sein. Oder wenn ich zum Eingangsportal hinüberging, wo er in einer Nische vom Kreuz genommen lag. Dort streichelte ich seine Wunden so lange, bis sich das lackierte Holz ganz warm anfühlte. Dann waren wir vereint.

Bestohlen

Am Wochenende machte unsere Familie manchmal kleine Ausflüge. Meist spazierten wir dann über die umliegenden Felder und kehrten anschließend im Gasthof *Zum Bären* ein. Dort saßen die Männer und Frauen um die dunklen Holztische und der Rauch von zig Zigaretten sammelte sich in schweren Wolken unter der schwarzbraunen Balkendecke. Wir Kinder jagten uns in den schmalen Gängen zwischen den Tischen oder spielten draußen im Hof.

Eines Tages sprach der Jugendtrainer des FC Schlossberg meinen Vater beim Bärenwirt an. Ich weiß nicht, ob er wusste, dass ich leidenschaftlich Fußball spielte, seit ich laufen konnte, oder ob er dringend Nachwuchstalente für seine Mannschaft brauchte. Jedenfalls schlug er meinem Vater vor, mich zum Training zu schicken. Meinem Vater gefiel die Idee. Also fing ich mit neun Jahren an, im Verein Fußball zu spielen.

Das Training machte mir viel Spaß. Auf dem gepflegten Rasen zu kicken, war doch etwas anderes als bei Marc im Garten oder mit den anderen auf dem Parkplatz neben der Kirche. Hier gab es ein richtiges Team, in dem jeder seinen Platz hatte. Auch unser Trainer begeisterte mich. Er war selbst ein toller Fußballer und ich war stolz, in seiner Mannschaft zu spielen.

Fast jeden Sonntagnachmittag hatten wir Punktspiel und bei fast jedem Punktspiel stand mein Vater am Spielfeldrand. Ich fand das schrecklich, konnte aber nichts dagegen tun. Spielte unsere Mannschaft gut, war auch mein Vater gut drauf. Erst recht, wenn ich den

Ball erfolgreich im gegnerischen Kasten versenkt hatte. Dann lief er aufgeregt die Seitenlinie hoch und runter und erzählte jedem, der ihm in die Quere kam: „Das war mein Sohn. Mein Sohn hat das Tor geschossen. Habt ihr gesehen, was mein Sohn alles kann?"

Lief es hingegen nicht so gut für unsere Mannschaft, bekam ich die Rechnung auf dem Heimweg. In einem Spiel gegen den FC Röhlingen stand es in der 80. Minute noch null zu null. Wir hatten kaum noch Puste und doch kämpften wir wie die Löwen, um das eine Tor zu machen und das Spiel zu entscheiden. Aber sosehr unser Trainer uns auch anfeuerte und wir dribbelten und rannten, passten und schossen – der Ball wollte einfach nicht über die Linie. Und dann passierte es: Vier Minuten vor dem Abpfiff hielt der Torwart einen Schuss von mir und gab den Ball blitzschnell weit nach vorn. Unsere Abwehr war nicht zur Stelle und Sekunden später schlug der Ball bei uns ein.

Ich wäre am liebsten im Erdboden verschwunden. Was jetzt kam, kannte ich. „Wieso hast du das blöde Tor nicht gemacht?", schnauzte mich mein Vater an, als wir zusammen nach Hause gingen. „Das war doch kein Fußball, was ihr da gespielt habt. Das war Kindergarten." Schweigend ging ich neben ihm. Egal was ich jetzt sagte, es war in jedem Falle falsch und würde ihn nur noch weiter reizen. Ich konnte nur hoffen, dass er sich nicht zu sehr hineinsteigerte. Missmutig nahm ich meine Sporttasche von der linken Schulter und hängte sie über die rechte. Wie gut, dass es nicht mehr weit bis nach Hause war. Dort lenkte ihn hoffentlich irgendetwas ab oder ich konnte mich unter einem Vorwand aus der Schusslinie bringen. „Hast du gesehen, wie die Röhlinger das gemacht haben? So spielt man Fußball! Aber mit dir muss man sich ja schämen. Steht sechs Meter vorm Tor frei und kriegt den Ball nicht rein. Warum bin ausgerechnet ich mit so einem nichtsnutzigen Sohn gestraft?"

Ich ließ ihn reden. Das war das Beste. Wenn ich ihm jetzt widersprach, fing ich mir schnell eine Ohrfeige ein oder Vater würde auf offener Straße nach mir treten. Das hatte ich oft genug erlebt.

Onkel Heinz war ganz anders als Vater. Wo Onkel Heinz auftauchte, war immer gute Stimmung. Ich bewunderte und verehrte ihn. Ein paar Jahre hatte er bei der Berliner Polizei als Ausbilder gearbeitet. Dann war er mit Tante Elfriede in das kleine weiße Haus am Südhang des Schlossbergs gezogen und verdiente sein Geld seither in der Schuhfabrik. Obwohl er inzwischen längst im Ruhestand war, hatte er seinen Berliner Akzent nicht verloren.

Onkel Heinz war ein untersetzter Mann mit struppigem, grau meliertem Schnauzer. Nichts konnte ihn aus der Ruhe bringen. Ich habe nie erlebt, dass er Tante Elfriede oder sonst jemanden angeschrien hätte. Selbst als ich in seinem Garten statt des Unkrauts die wenige Tage zuvor gesetzten Erdbeerpflanzen herausriss, blieb er gelassen.

Wenn ich ihn besuchte, hatte er fast immer Zeit für mich. Er interessierte sich dafür, wie es bei mir in der Schule und beim Fußball lief. Manche Woche war ich jeden Nachmittag bei ihm. Die Eltern schickten mich, die *Schwäbische Post* zu holen. Onkel Heinz las seine Zeitung nach dem Frühstück und war gern bereit, sie anschließend an uns weiterzugeben. Aber ich ging nicht zu Onkel Heinz, um nur die Zeitung zu holen. Wenn er die Tür aufmachte, lachten seine Augen und der Schnauzer hüpfte fröhlich. „Na, Micha, alles in Butter?", begrüßte er mich.

Kaum saß ich mit Onkel Heinz am Küchentisch, war der Ärger mit Vater oder in der Schule verflogen. Bei Onkel Heinz tauchte ich in eine andere, eine bessere Welt ab.

Die Vorteile der Spanischen Eröffnung erklärte er mir geduldig und dass ich nicht rochieren konnte, solange er mir Schach bot. Oder wir hockten stundenlang auf der Eckbank und schoben über das Mühlebrett gebeugt die schwarzen und weißen Steine hin und her. Ich konnte ein breites Grinsen kaum verbergen, wenn ich es geschafft hatte, ihm eine Zwickmühle zu bauen, was selten genug gelang.

„In der Schule alles klar?" Onkel Heinz' Frage klang so beiläufig, dass ich mühelos mit „Ja, ja" antworten und den nächsten Zug machen konnte. Aber ich wusste auch, dass er meist einen guten Tipp hatte, wenn ich selbst nicht weiterkam. Ohne vom Brett aufzusehen, erzählte ich ihm von den beiden Jungs aus der Klasse über mir, die mir das Sportzeug aus der Hand gerissen und es sich lachend wie einen Rugbyball zugeworfen hatten.

Schweigend hörte Onkel Heinz zu. Dann schob er seinen Stein. Ich sah sofort, dass das nicht der beste Zug war, den er machen konnte, und war mir sicher, dass er es selbst auch bemerkt hatte. Über seine Brille hinweg sah er mich eindringlich an. „Ick will dir mal wat sajen", begann er leise. „Wenn dir jemand wat will, lass immer deine Birne oben. Kiek ihm inne Augen und jeh keenen Schritt zurück." Wir sahen uns an und sein Blick verriet, dass Onkel Heinz mir das zutraute. „Und wenn eener kommt", sagte er weiter, „und über deine Grenze jeet, dann betonierste ihm eene." Ein freundliches Zucken umspielte seine Augenwinkel. Es war fast, als ob er mir zuzwinkerte.

Während ich ihn anblickte und spürte, wie ein leises Brennen die Tränen ankündigte, die sein festes Zutrauen mir in die Augen drückte, sah ich mich selbst auf dem Schulhof. Die Sporttasche unterm Arm. Die Kerle aus der Klasse über mir kommen grinsend auf mich zu. Ich spüre, dass Onkel Heinz hinter mir steht. Und ich bin mir fast sicher, dass ich seinen Rat befolgen kann. Unglaublich gut fühlt sich das an.

Onkel Heinz war einfach spitze. Er konnte sogar meine Eltern davon überzeugen, dass ich ein eigenes Sparbuch haben sollte. Ich weiß nicht mehr genau, wer darauf Geld eingezahlt hat, aber ich weiß, dass ich nach einer Weile genau 76,50 Mark auf meinem eigenen Konto hatte. Darauf war ich mächtig stolz. Eines Tages wollte ich mir von dem Ersparten ein Auto kaufen.

An einem Sonntag tobte mein Vater wieder einmal, dass ein Sohn wie ich eine Schande für die Familie sei und er die Leute beneide, die gescheite Kinder hätten. In mir brodelte es. Andere Kinder mussten ihren Vater nicht betrunken aus der Kneipe herausholen. Sie mussten nicht die Wertgutscheine vom Sozialamt beim Fleischer vor den Augen der Nachbarn einlösen. Andere Kinder mussten nicht auf Betteltouren gehen. Andere Kinder bekamen Geburtstagsgeschenke.

Und hier stand mein Vater, der nicht arbeitete, die Tage lieber verpennte und versoff, und schimpfte mich einen nichtsnutzigen Versager. Er war es doch, der sein Leben nicht auf die Reihe bekam und sich mittellos von einem Besäufnis zum nächsten treiben ließ. Ich fühlte mich nicht nur ungerecht behandelt. Ich war wütend.

„Wenigstens habe ich ein Sparbuch", platzte ich heraus.

Mein Vater hielt inne. Seine Haare waren verstrubbelt. Das Hemd hing ihm aus der Hose. Er sah mich mit zusammengekniffenen Augen an.

„Du hast was?"

„Ich habe ein Sparbuch."

„Nichts hast du."

„Natürlich habe ich ein Sparbuch. Ein Sparbuch mit 76,50 Mark."

„Nichts hast du", sagte er wieder und winkte abfällig ab.

Ich ging zu dem großen Wohnzimmerschrank, in dem mein Sparbuch lag. Unter ein paar Plastiktüten mit Urkunden und Dokumenten entdeckte ich das schmale rote Büchlein. Stolz nahm ich es aus dem Schrank, blätterte darin und fand endlich die wichtigste Seite.

Kaum hatte ich die 0,00 am Ende der schmalen Zahlenreihe gesehen, verschwamm das Bild vor meinen Augen. Tränen prall von Ohnmacht und Wut nahmen mir die Sicht. Es dauerte eine Weile, bis ich begriffen hatte, was geschehen war.

Der Mann, der mein mühsam Erspartes in die Wirtschaft getragen hatte, war da schon aus dem Zimmer gegangen.

Als ich Onkel Heinz davon erzählte, saßen wir in der grünen Hängematte, die er im Garten hinter seinem Haus zwischen einem Apfel- und einem Kirschbaum aufgespannt hatte. „Eine riesengroße Schweinerei ist das", sagte er mit seiner tiefen Stimme und versetzte der Hängematte einen Stoß. Als das heftige Schaukeln in ein müdes Pendeln übergegangen war, machte er mir einen Vorschlag. „Weißt du was?", sagte er. „Du kannst mir im Garten helfen." Er lächelte. „Und was du von dem Verdienten aufheben willst, gibst du mir. Ab heute bin ich dein Sparbuch."

Ich fand Onkel Heinz' Idee großartig. Das verschwundene Geld tauchte dadurch zwar nicht wieder auf. Aber ich konnte mit ihm zusammen sein und dabei sogar Geld verdienen. Wenn ich ihm beim Ernten der Äpfel, beim Rupfen der Kartoffeln oder beim Unkrautjäten half, gab er mir 50 Pfennig. Manchmal kaufte ich mir davon Kaugummi. Doch das meiste Geld steckte ich in die geheime Büchse in Onkel Heinz' Küche.

Aus irgendeinem Grund erfuhr mein Vater von der heimlichen Reserve. Er ging geradewegs zu Onkel Heinz und ließ sich das Geld geben. Ich war nicht dabei. Aber ich bin mir sicher, dass Onkel Heinz es ihm nicht einfach so ausgehändigt hat. Ich weiß aber auch, wie Vater brüllen und toben konnte und wie unangenehm es ist, wenn neugierige Nachbarn dabei aus den Fenstern gucken.

Wieder war mein Geld weg. Und wieder ermutigte mich Onkel Heinz, nicht aufzugeben und trotzdem weiterzusparen. Er gab nie klein bei. Damit ich dasselbe tat, spendierte er mir ein Startguthaben von fünf Mark. Die schwarz-goldene Zigarrenschachtel, in die er sie steckte, verbarg er sorgfältig hinter der Wellblechverkleidung in seinem Gartenhaus.

Am Bahndamm

Lange Zeit hatte ich bei uns zu Hause kein Zimmer für mich allein. Nicht einmal einen eigenen Stuhl hatte ich. Aber nicht nur deswegen war ich meist unterwegs. Draußen gab es so viel zu entdecken. Die Ruine auf dem Schlossberg war für mich und meine Freunde ein Fort im Wilden Westen, das es zu erobern oder zu verteidigen galt. Auf dem Parkplatz neben der Kirche jagten wir dem Ball nach und kämpften erbittert, bis er im Tor der gegnerischen Mannschaft einschlug. Der nahe Beiberg war bestens für Mutproben geeignet. War der Erste über eine der Felsenklüfte gesprungen, musste hinterher, wer nicht als Feigling gelten wollte. Und im Winter war der Rodelspaß garantiert. Wir stromerten durch die Felder und den angrenzenden Wald und stauten den kleinen Bach am Weiher auf. War die Kirchenglocke sechs Mal zu hören, wurde es Zeit, nach Hause zu gehen, und jeder machte sich auf seinen Weg.

Am Bahndamm unweit der Kirche war ich meist allein. Ich mochte die großen, schweren Loks, wie sie sich, von Trochtelfingen kommend, mit Getöse über die Gleise schoben. Ich stand dann am Rand des schottrigen Gleisbetts und sah die großen Räder vorüberrollen. Bei den Güterzügen zählte ich einmal mehr als zwanzig Waggons. War der letzte Wagen an mir vorüber und über die Brücke hinweg, sah ich den roten Schlussleuchten lange nach. Unter der markanten kegelförmigen Erhebung des Ipf rollten sie Richtung Stadt und verschwanden schließlich hinter der Kurve.

Manchmal legte ich ein Pfennigstück aufs Gleis, damit es platt-gewalzt wurde. War der Zug vorüber, suchte ich es zwischen den Steinen und freute mich, wenn es warm in meiner Hand lag. Oder ich postierte sorgfältig ausgewählte Steine auf den Gleisen, damit sie von den Rädern zermahlen wurden. Wenn der Zug darüber-rollte, war es jedes Mal wie ein kleines Gewitter. Staubwolken kräuselten sich und Funken stoben nach allen Seiten. Nur das Bersten des Steines ging im allgemeinen Getöse unter und war nicht zu hören.

An jenem Sonntag war ich wieder am Bahndamm. Diesmal hatte ich keine Kiesel in der Tasche und kein Pfennigstück da-bei. Ich hatte mir nicht vorgenommen hierherzukommen, war am Nachmittag ziellos durch den Ort geschlendert. Als ich neben den Gleisen stand, war die Sonne schon am Horizont verschwunden. Von der Brücke aus sah ich die Bergstraße hinauf zu unserem Haus, das sich zwischen all den anderen dunkel an den Hang duckte.

In mir stiegen die Bilder auf.

Nach dem Mittagessen hatte Vater getobt. „Was habe ich nur getan, dass Gott ausgerechnet mich mit einem so tollpatschi-gen Sohn bestraft, der nicht einmal einen Teller zur Spüle tragen kann, ohne ihn fallen zu lassen?", wütete er.

„Wer nicht arbeitet, macht auch nichts falsch ", sagte ich leise und zog den Kopf ein. Mir war klar, dass Widerspruch seinen Zorn verstärkte wie ein Trichter den Schall. Diese Bemerkung aber brachte ihn völlig aus der Fassung. Er trat selbst dann noch nach mir, als ich schon neben den Scherben am Boden lag.

Als ich am Bach die Reste des Staudammes betrachtete, den ich eine Woche zuvor mit meinem Klassenkameraden Alexander aufgeschichtet hatte, sah ich, wie eine Fliege hilflos in dem klei-nen See herumruderte. Am liebsten hätte ich Dutzende Bäume in den Bach geworfen und ihn aufgestaut, bis der ganze Ort darin versunken wäre.

Ich sah zur Kirche hinüber. Heute war ich nicht hineingegangen. Vater blieb ja doch derselbe.

Ich blickte auf den Parkplatz hinunter. Als ich dort beim letzten Fußballspiel eine hundertprozentige Torchance vergeben hatte, hatte Manfred mich tölpelhaftes Trinkerkind genannt. Ich tat, als machte mir das nichts, und lachte gemeinsam mit den anderen. Was sollte ich auch sonst tun?

Ich war das alles so leid.

Ich wollte nicht mehr.

Warum hafteten Spott und Ablehnung an mir wie Eisenspäne an einem Magneten? Warum hatte ausgerechnet ich so einen Vater?

Hatten sie recht? War ich wirklich das nichtsnutzige Kind, als das sie mich mit ihren Worten und Fäusten herumschubsten?

Doch selbst wenn sie unrecht hatten, nützte es mir nichts. Denn sie waren viele und ich allein. Schrecklich allein. Und darum war ich sicher, dass sie auch morgen und übermorgen noch dasselbe sagen würden.

Ich fröstelte.

Ich war müde.

Ich war es so leid.

Alles.

Wer würde mich schon vermissen, wenn ich von diesem Damm nicht wieder herunterkam? Mutter? Vater? Onkel Heinz. Vielleicht würde ich ihnen dann endlich fehlen – zum ersten Mal. Sie sollten ruhig trauern.

Würden sie das?

Ich ging ein Stück den Schotter entlang und blieb auf den Betonschwellen zwischen den Gleisen stehen. Die ganze Zeit über war kein Zug gekommen. Es würde nicht viel kosten. Ich müsste einfach nur stehen bleiben.

Ich schloss die Augen. Mit einem leisen Rauschen fuhr der Wind durch die Sträucher rechts und links des Dammes.

Dann war es still.

Auf einmal klangen fünf Worte in meinem Kopf. Sie passten nicht zu den Gedanken, die eben wie in einer Endlosschleife durch mein Hirn gerattert waren. Und doch waren sie plötzlich da. Und ich spürte, wie sie sich mehr und mehr ausbreiteten und mich einhüllten wie eine warme Decke.

Ich liebe dich. Lebe weiter.

Unverkennbar hörte ich diese fünf Worte. Obwohl keine laute Stimme zu mir sprach, wusste ich, dass Gott selbst zu mir geredet hatte.

Auch wenn ich unsicher war, wie das Weiterleben gehen würde, fühlte es sich unglaublich gut an und gab mir neuen Mut.

Es war kein Zug gekommen. Jetzt war ich froh darüber. Ich bückte mich, legte einen Schotterstein aufs Gleis und rutschte die Böschung hinunter.

Am Abend lag ich im Bett und lauschte in die Nacht hinein. Ich konnte nicht einschlafen, weil ich fürchtete, jeden Moment das Getöse eines Zuges zu hören, den mein Stein zum Entgleisen gebracht hatte. Doch alles, was ich vernahm, war das gleichmäßige Atmen meines Vaters.

Verraten

Als kleiner Junge liebte ich es, wenn in unserer Straße die Mülltonnen geleert wurden. Wir waren noch nicht in die Bergstraße umgezogen und die Schulzeit lag für mich in weiter Ferne. Im Gegensatz zu den Nachbarskindern besuchte ich keinen Kindergarten und war vormittags viel allein. War dann am Morgen das markante Brummen des Müllautos zu hören, ließ ich alles stehen und liegen und stürzte ans Fenster. Fasziniert beobachtete ich, wie das große orangefarbene Auto den Berg hinaufkeuchte. Es hielt bei jedem Haus, als wäre diese Anstrengung ohne Pause nicht zu schaffen. Die zwei Männer sprangen von ihren Trittbrettern und holten die Tonnen heran. Mit gekonnten Bewegungen hängten sie sie in die eisernen Greifarme und öffneten die Deckel. Dann schwangen die Tonnen hoch hinauf und steckten wenig später kopfüber in dem gewaltigen Auto, das alles schluckte und dessen Hunger unendlich schien. Das ruckende Auf und Ab sorgte dafür, dass dem gefräßigen Riesen kein noch so kleiner Müllfetzen entging.

Obwohl ich die immer gleichen Abläufe schon auswendig kannte, war es für mich jedes Mal ein begeisterndes Schauspiel, das ich gebannt verfolgte. Manchmal entdeckte mich der fröhliche Müllmann mit Schnauzbart auf meinem Posten hinter der Fensterscheibe. Dann winkte er mir und ich grüßte schüchtern zurück.

Wer mich damals fragte, was ich einmal werden wollte, bekam prompt „Müllmann" zur Antwort. Weil die Tonnen bei uns jeden

Mittwoch geleert wurden, dachte ich lange, alle Müllmänner arbeiteten nur mittwochs. Das war verlockend, denn dann würde ich die restliche Zeit Fußball spielen können. Und das war mein eigentlicher Traum. Ich wollte Fußballprofi werden. Da aber alle Erwachsenen meinten, ich müsse einen „richtigen" Beruf haben, passte das perfekt. Erst viel später verstand ich, dass die Männer in den leuchtenden Overalls an den anderen Tagen in anderen Straßen für Ordnung sorgten. Da fand ich den Beruf nicht mehr so spannend.

Ein paar Jahre danach war Pfarrer mein Traumberuf. In Schlossberg war der Pfarrer ein angesehener Mann. Wurde sein Name genannt, schwang immer eine gewisse Ehrfurcht mit, erst recht bei uns Kindern. Wenn ich in der Kirchenbank saß und ihm in seinem grünen Talar mit bestickter Stola zuhörte, beeindruckten mich seine Würde und Autorität. Über alle erhöht, stand er auf der Kanzel und sprach, während die Leute in den Bänken zuhörten. Der Gedanke, auch einmal dort oben zu stehen, reizte mich. Dann würden die anderen zu mir aufschauen und achtgeben, was ich zu sagen hatte.

Als ich meinem Onkel Heinz erzählte, dass ich Pfarrer werden wollte, sah er mich über seine Brille hinweg an. „Pfarrer?", fragte er und legte seine Stirn in Falten. „Bist du sicher?" Ich hatte das Gefühl, er erwarte nicht zwingend eine Antwort, und sagte nichts.

„Polizist ist ein anständiger Beruf", erklärte Onkel Heinz und die Furchen auf seiner Stirn waren nicht mehr so tief eingeschnitten wie zuvor. „Als Polizist schützt du die anständigen Leute vor den unanständigen und verdienst ausreichend Geld."

Was Onkel Heinz sagte, hatte Gewicht. Er war der schlaueste und lustigste Mann, den ich kannte. Und wenn alle Polizisten so gut gelaunt waren wie er, würde die Arbeit auf jeden Fall Spaß machen. Also nahm ich mir vor, Polizist zu werden. Der Gedanke an die schicke Uniform mit weißer Mütze, die Pistole am Gürtel und Blaulichtfahrten wurde immer verlockender.

Das Problem war: Mit meinem Hauptschulabschluss konnte ich keine Ausbildung bei der Polizei beginnen. Dafür brauchte ich mindestens einen guten Realschulabschluss oder eine abgeschlossene Berufsausbildung. Doch Onkel Heinz hatte behauptet, dass die Hürden in anderen Bundesländern nicht so hoch waren. Der freundliche Polizist in der Beratungsstelle zerstörte schließlich alle Hoffnung. Nach einer Stunde Wartezeit und fünf Minuten Orientierungsgespräch stand ich wieder auf der Straße. Mein Traum war geplatzt. Auf noch zwei Jahre Lernen, Klassenarbeiten und Schulbankdrücken hatte ich absolut keine Lust. Ich musste etwas anderes finden. Lustlos tippte ich auf Tante Elfriedes Schreibmaschine vier Bewerbungen und bekam prompt die Zusage für eine Ausbildung zum Verkäufer im Grosso-Markt bei uns im Ort.

475 Mark bekam ich am Monatsende. Steuern und Abzüge schon abgerechnet. Das war mehr, als Vater vom Amt erhielt. Und, es war mein eigenes Geld. 200 Mark gab ich als Kostgeld an meine Eltern ab, über den Rest verfügte ich frei. Die Aussicht auf das Lehrlingsgeld motivierte mich, die Regale ordentlich einzuräumen und den Kunden freundlich zu zeigen, wo sie Backpulver und Streichhölzer finden konnten. Anfangs hatte ich selbst ziemlich Mühe, mich in diesem riesigen Labyrinth aus Regalen mit tausend verschiedenen Artikeln auszukennen. Aber schon nach ein paar Wochen wusste ich recht gut, wo was zu finden war. Wichtig war, dass ich nicht negativ auffiel und nicht vor den Chef zitiert wurde.

Das gelang nicht immer. An der Kasse versagte ich ganz. Während meine resolute Ausbilderin dicht hinter mir stand und mir Anweisungen zuraunte, bemühte ich mich, die Preise für Apfelsinen, Abflussreiniger und Toastbrot schnellstmöglich einzutippen. Immer wieder verheddderte ich mich. Schon nach wenigen Minuten war ich nass geschwitzt wie nach einem Tausendmeterlauf. Die Schlange der Wartenden wurde trotzdem immer länger.

Nach einer Stunde war der Spuk vorbei und ich musste nie wieder an die Kasse.

Eine Lieblingsbeschäftigung hatte ich jedoch: Einkaufswagen einsammeln. Viele Kunden schoben die rollenden Körbe voll bepackt zu ihren Autos und fuhren dann davon, ohne sie zurückzubringen. Nach einer Weile standen mehr Wagen auf dem Parkplatz und in den umliegenden Seitenstraßen als bei uns im Markt. Dann zog ich los und suchte sie zusammen. Ich genoss es, allein draußen zu sein, und schlenderte gemütlich durch die Straßen. Traf ich ehemalige Schulkameraden oder Freunde vom Fußball- oder Kampfsporttraining, genehmigte ich mir gern ein Schwätzchen. Manchmal war ich über eine Stunde unterwegs, ohne dass mich jemand vermisste. Am Ende meiner Tour steckte ich nicht selten sämtliche aufgespürten Einkaufswagen zu einer langen Schlange zusammen und schob sie voller Stolz in den Markt zurück.

Eines Tages bat mich der Chef zu sich. Ich hatte keine Idee, was er von mir wollte, und schlenderte zögerlich zu seinem Büro, einem kleinen, fensterlosen Raum am hinteren Ende des Marktes. Ich war erst ein paarmal dort gewesen und ahnte nichts Gutes. Der Chef rief ja doch nur nach mir, wenn er Kritik oder eine unbeliebte Aufgabe loswerden wollte. Vorsichtig spähte ich durch die angelehnte Tür.

„Komm rein", sagte er, als er mich bemerkt hatte, und lehnte sich in seinem zerschlissenen Bürostuhl zurück. Er saß in der Mitte des Raumes hinter einem grauen Schreibtisch, auf dem sich die Papiere stapelten. Zögerlich betrat ich das Büro und schloss leise die Tür hinter mir. An der Wand hinter meinem Chef hingen ein Kalender, auf dem das aktuelle Datum rot umrandet war, und ein großer Plan, dessen Bedeutung ich nicht verstand. Während der Chef mich von oben bis unten musterte und ich mich anstrengte, seinem Blick standzuhalten, kreisten die Gedanken durch meinen Kopf. Was hatte ich falsch gemacht? Hatte sich ein Kunde beschwert? Oder wollte er mir wieder mit süffisantem Lächeln sagen, dass die Schürze, die ich an der Käsetheke umbinden musste, eine Wäsche gut vertragen konnte? „Michael, bei deiner Schürze schaut hier und da sogar noch Weißes heraus", hatte er beim letzten Mal gewitzelt. Die Schürze war davon zwar nicht weißer geworden, aber mein Kopf bekam eine Farbe, die den holländischen Tomaten in der Gemüseabteilung gut zu Gesicht gestanden hätte.

„Hast du im Lagerraum die schwarzen Striche an der Wand gesehen?", fragte er jetzt mit rauchiger Stimme.

„Nein", sagte ich erleichtert. Ich war in letzter Zeit zwar oft im Lager gewesen, aber schwarze Striche waren mir dort heute genauso wenig aufgefallen wie an den Tagen zuvor. Doch das Beste war, dass ich sie nicht verursacht hatte.

Er nickte langsam, als hätte ich einen lang gehegten Verdacht bestätigt. „Du gehst trotzdem in den Farbenmarkt", sagte er, „und kaufst zehn Liter weiße Farbe. Und morgen streichst du die Wand." Dann stand er auf, reichte mir 25 Mark und klopfte mir aufmunternd auf die Schulter.

Ich machte mich sofort auf den Weg ins Malergeschäft. Als ich das Regal mit der weißen Farbe gefunden hatte, fragte ich mich, welche wohl die richtige sei. Allein für den Innenanstrich gab es fünf verschiedene Sorten. Schließlich entschied ich mich für eine, die nicht die billigste und nicht die teuerste war, hievte den Eimer aus dem Regal und trödelte zur einzigen besetzten Kasse.

Die Kassiererin bediente gerade eine ältere Dame mit kurzen grauen Haaren. Auf dem schwarzen Warenband lagen ein Pinsel und eine Dose mit Holzlasur, auf der ein Gartenzaun abgebildet war. Die zwei Frauen hatten es offenbar nicht eilig. Sie unterhielten sich angeregt.

„Schlimm ist das, wirklich peinlich", sagte die Kassiererin zur Grauhaarigen, als ich den Eimer aufs hintere Ende des Bandes wuchtete. Ich schüttelte meine rechte Hand aus, in die der dünne

Drahtbügel eine rote Furche gegraben hatte, und nahm die drei Geldscheine aus meiner Hosentasche.

„Ja, eine Schande", pflichtete ihr die Frau mit dem Portemonnaie in der Hand bei. „Und wissen Sie, was mich am meisten aufregt?" Sie wartete keine Antwort ab, sah kurz zu mir herüber und wandte sich dann wieder an die Kassiererin. „Das Schlimmste ist, dass diese Leute von unseren Steuern leben."

Ich hatte keine Ahnung, wovon die beiden redeten. Ihre letzte Bemerkung aber hatte die Ältere mit einer ausladenden Geste in Richtung Schaufenster unterstrichen. Meine Augen folgten ihrer Bewegung.

Draußen vor dem Fenster stand ein Mann. Er war dicht an die Scheibe herangekommen. Die dunkle, an den Knien ausgebeulte Hose war ihm ein paar Nummern zu groß. Das ausgewaschene karierte Hemd hatte er falsch geknöpft. Auf einer Seite hing es über den abgewetzten Gürtel. In der einen Hand hielt er einen Beutel, der schlaff herabbaumelte. Die andere Hand hatte er zwischen Stirn und Schaufenster gelegt, um besser hereinsehen zu können.

Ich zuckte zusammen.

Der dort gedankenversunken stand und in den Laden stierte, war mein Vater.

„Man sollte solchen Schmarotzern den Geldhahn zudrehen", hörte ich die ältere Frau sagen. „Ich möchte mal wissen, womit diese Obdachlosen dann ihr Bier bezahlen."

Die Kassiererin schüttelte entrüstet den Kopf. Dann drehte sie sich mit einem Mal zu mir und fragte mich: „Kennen Sie diesen Mann?"

Ihre Frage traf mich wie ein Blitz und ich erstarrte. Augenblicklich wünschte ich mich weg aus diesem Laden, weit weg. Am besten in eine andere Stadt oder ein anderes Land, wo mich keiner kannte. Ich wünschte mich an einen Ort, wo ich nicht der Sohn des Säufers war, sondern einfach nur ich selbst. Warum hatte ausgerechnet ich die blöde Farbe holen müssen? Lieber hätte ich zwei Wochen hintereinander Getränkepaletten gestapelt, als jetzt hier zu stehen. War es nicht schlimm genug, einen Vater zu haben, der nicht arbeitete und seine Wut abwechselnd im Bier ertränkte oder an mir ausließ? Warum musste ich mir auch noch mit anhören, wie andere Menschen ihn als Abschaum verachteten?

Blut schoss mir in den Kopf. „Nein, ich kenne den Mann nicht", sagte ich mit bebend leiser Stimme. Ich fühlte mich, als hätte mir jemand in den Magen geboxt. Vater konnte es diesmal nicht gewesen sein. Der stand ja draußen vor dem Laden.

Nein. Diesmal hatte ich ihn verraten.

Es fühlte sich abscheulich an. Kraftlos und ohne sie anzusehen, gab ich der Kassiererin das Geld für die Farbe. Fast hätte ich vergessen, mir eine Quittung ausstellen zu lassen. Ich wollte nur weg. Ich war ein feiger Versager. Hastig griff ich nach dem Wechselgeld, steckte es in die Hosentasche und ging mit heißem Kopf aus dem Laden. In der rechten Hand schleppte ich die Farbe, in der linken hielt ich die Quittung für meinen Chef.

Vor dem Laden sah ich kurz zu meinem Vater hinüber. Er stand noch immer da und guckte durchs Schaufenster. Er hatte mich nicht bemerkt. Schnell drehte ich mich zur anderen Seite und hastete mit dem schweren Eimer davon.

Am nächsten Tag tünchte ich unter kaltem Neonlicht die Lagerwand. Langsam tauchte ich die Rolle in das dickflüssige Weiß, strich die überflüssige Farbe ab und rollte über den glatten Putz. Mit jeder Bahn, die ich zog, wurden die Flecken und Striemen blasser. Je heller das Weiß der Wand strahlte, umso mehr genoss ich meine Arbeit. Ich malte, bis keine Farbe mehr im Eimer war.

Zuckerballett

Etwa ein halbes Jahr später, die Wände im Lagerraum waren längst mit neuen Strichen übersät und ich ins nächste Lehrjahr gerutscht, war ich wieder einmal damit beschäftigt, die Regale mit Backzutaten aufzufüllen. Das Mehl hatte ich ergänzt, jetzt war der Zucker an der Reihe. Damit ich die kleinen Kilopäckchen nicht so weit schleppen musste, schob ich den Palettenwagen direkt vor das Regal.

Erst wollte der Wagen nicht vom Fleck, dann geriet er so in Schwung, dass ich fürchtete, das Regal zu rammen. Abrupt stoppte ich ihn, sodass der hoch aufgeschichtete Turm bedrohlich schwankte. Ich warf meine Arme um ihn und versuchte die Backzutaten festzuhalten. Vergeblich. Ich konnte nicht mehr verhindern, dass ein Großteil der Zuckertüten herunterfiel. Krachend platzten sie auf die braunbeigen Fliesen. Wie eine Lawine ergoss sich die weiße Fracht in den Gang und kroch unter das Regal, in das ich die Pakete hatte stellen wollen.

Erschrocken betrachtete ich mein Missgeschick. Den Zucker musste ich abschreiben. Ich hörte schon die hämischen Fragen der Kollegen, ob ich keine Augen im Kopf hätte oder am Morgen mit dem falschen Bein aufgestanden sei. Da nützte es wenig, dass der Chef im Urlaub war. Einer würde ihm garantiert stecken, was der Micha verbockt hatte. Das war so sicher wie die Minustemperaturen im Kühllager.

Trotzdem war es jetzt besser, die Spuren meiner Panne zügig zu beseitigen, anstatt wie ein Ölgötze davorzustehen. Mit hochrotem Kopf bückte ich mich, um noch ein paar heile Zuckertüten zu retten. Genau in diesem Moment wollte ein Mädchen an meinem Palettenwagen vorbei. Sie blieb vor der frisch aufgeschütteten Barriere stehen und sah mich mit ihren dunklen Augen erwartungsvoll an.

„Entschuldigung", murmelte ich, stand auf und trat verlegen zur Seite.

„Macht nichts", erwiderte sie lachend. „Das passiert."

Mit einem Satz war sie über den Zuckerberg hinweg und lief den Gang hinunter. Wie vom Donner gerührt sah ich hinter ihr her. Ein Kribbeln wie von tausend Kristallen tanzte durch meinen Bauch und ließ mich die Zuckerkörner auf dem Boden augenblicklich vergessen. Was für tolle braune Haare ihr bis über die Schultern liefen. Und wie sie mich angesehen hatte. Als sie links in den Gang mit den Konservendosen einbog, drehte sie sich noch einmal herum und warf mir einen kurzen Blick zu. Hatte ich ihr etwa auch gefallen, trotz dieses peinlichen Missgeschicks?

Endlich riss ich mich los und holte aus dem Lager zwei Eimer, Kehrschaufel und Besen. Während ich den Zucker unter dem Regal hervorschob und in die Plastikbottiche schaufelte, dachte ich an das Mädchen mit den schönen Augen.

Kurzerhand steckte ich die Schaufel in den Eimer, der nun schon voller Zucker war, stand auf und sah über die Regale. Auf Zehenspitzen versuchte ich, einen heimlichen Blick auf sie zu erhaschen. Doch sie war verschwunden.

Ein paar Wochen später tauchte das Mädchen plötzlich wieder auf, als ich an der Käsetheke bediente. Ich beobachtete, wie sie den Gang vor der Theke entlangschlenderte. Obwohl sie in die entgegengesetzte Richtung blickte und ich ihr Gesicht nicht sah, war ich mir sicher, dass sie es war. Mein Herz klopfte heftig und ich überlegte, wie ich sie zur Käsetheke locken konnte.

„250 Gramm vom Géramont, bitte", sagte die Rentnerin, die ich gerade ausführlich beriet, aber für den Augenblick völlig vergessen hatte. Ich schreckte auf und packte den gewünschten Käse hastig ein. Als ich ihn ihr über die Glastheke gereicht hatte, suchten meine Augen das Mädchen vergebens. Zu blöd, dass ich von hier nicht weg konnte.

Von da an hielt ich Tag für Tag Ausschau nach ihr. Und tatsächlich, sie kaufte immer wieder bei uns ein. Hätte ich sie vielleicht schon früher hier bemerken können? Oder kam sie öfter in den Markt, seit ich ihr den Zucker vor die Füße geworfen hatte? Egal. Viel wichtiger war, dass ich sie bei den Süßigkeiten und am Imbissstand unbemerkt beobachten konnte, wie ich bald herausfand.

Als in der Stadt die bunten Plakate für die Ipfmesse in den Schaufenstern und an den Laternen hingen, überlegte ich, ob es an der Zeit war, aus der Deckung zu kommen. Das Volksfest mit seinen Festzelten, Bühnen und Karussellen war bestimmt eine gute Gelegenheit, das hübsche Mädchen zu einem gemeinsamen Nachmittag einzuladen. Die Vorstellung, in der warmen Julisonne neben ihr über den Festplatz zu schlendern oder mit ihr auf dem Ipf im Gras zu sitzen, nahm mich so gefangen, dass es schwer war, mich auf die Arbeit zu konzentrieren.

Am Abend saß ich auf meinem Bett und dachte an sie. Doch je konkreter ich mir ausmalte, die Minzbonbons genau dann aufzufüllen, wenn sie bei den Gummibärchen stand, umso größer wurden meine Bedenken. Es war wie bei einer verzauberten Waage. Ich konnte auf der einen Seite so viele gute Gründe in die Schale werfen, wie ich wollte, sofort füllte sich die andere wie von selbst mit Zweifeln und Mutlosigkeit. Ich war wie gelähmt.

Erinnerungen an meine erste Freundin drängten herein. Ich ging damals auf der Hauptschule in die 8b und sie in die 8a. Während der großen Pause stand sie meist mit zwei anderen Mädchen zusammen. Mir war schon öfter aufgefallen, dass die drei kichernd ihre Köpfe zusammensteckten, sobald ich in Sichtweite kam. Mein Freund Karsten meinte, das sei ein untrügliches

Zeichen dafür, dass sie mich toll fand oder sogar in mich verliebt sei. Das fühlte sich gut an.

Gemeinsam mit Karsten, der für mich herausgefunden hatte, dass sie Petra hieß, beratschlagte ich, was zu tun sei. Wir kamen zu dem Schluss, dass ich sie auf dem Nachhauseweg wie zufällig treffen und ansprechen sollte.

Es war wunderbar, ihre Hand in meiner zu halten. Einmal weil ich nun auch eine Freundin vorweisen konnte. Zum anderen weil ich das Gefühl hatte, endlich gefunden zu haben, wonach ich mich schon lange sehnte – jemanden, der mich mochte und mir sogar einen Kuss auf die Wange gab, um es mir zu zeigen.

Dann kamen die großen Ferien. Wir trafen uns nicht mehr auf dem Schulhof und sahen uns auch sonst nicht. Denn im Gegensatz zu mir fuhr Petra mit ihren Eltern in den Urlaub. Am letzten Schultag vor den Ferien hatte ich sie überredet, mir ein Foto von sich zu schenken. Ich versteckte ihr Passbild in meinem Tafelwerk und hoffte, dass niemand es finden würde. Zum ersten Mal in meinem Leben sehnte ich das Ende der Ferien herbei. Ich wollte sie unbedingt wiedersehen.

Am ersten Schultag war ich einer der Ersten auf dem Gelände. Ich hoffte, sie noch vor Unterrichtsbeginn zu treffen. Aber schon bald war der gesamte Schulhof in Aufruhr wie ein Ameisenhaufen. Es war unmöglich, alles zu überblicken. Sosehr ich mich auch anstrengte, ich konnte Petra nicht entdecken.

Am nächsten Tag war ich im Schulflur, als sie mit ihren zwei Freundinnen die Treppe hinaufkam. Ich freute mich riesig, sie wiederzusehen. „Petra", rief ich und winkte ihr zaghaft zu. „Petra." Jetzt sah sie zu mir hoch. Ich lachte. Aber Petra lächelte nicht. Hektisch stupste sie ihre Freundinnen an, dann drehten sich die drei um und rannten die Treppe wieder hinunter. Wie angewurzelt stand ich da, während die Schüler anderer Klassen an mir vorüberdrängten. Ich verstand die Welt nicht mehr.

Als ich sie das nächste Mal allein traf, nahm ich meinen ganzen Mut zusammen und fragte, was los sei. Wieder drehte sie sich weg und ging ohne ein Wort davon. Das versetzte mir einen Stich. *Habe ich vor den Ferien etwas Falsches gesagt?*, überlegte ich traurig. *Oder hat sie im Urlaub einen anderen Jungen kennengelernt, der cleverer ist als ich oder mehr Geld hat?* Auch Karsten wusste keinen Rat. Schließlich passte ich eine ihrer Freundinnen ab. Sie sah zu Boden, als sie mir leise antwortete. „Sie hat erfahren, wer dein Vater ist."

Ohnmacht und Wut stiegen in mir auf. Genau wie jetzt, als ich grübelnd auf meinem Bett saß und darüber nachdachte, ob ich das hübsche Mädchen aus dem Grosso-Markt ansprechen sollte. Ob sie mich auch ablehnen würde? Aber was konnte ich für meinen Vater?

Zwei Bilder stritten in meinem Kopf. Das eine war bunt. Ich sah sie im Kettenkarussell neben mir durch die Luft fliegen. Ihr fröhliches Lachen leuchtete in der Sonne. Ihre Haare flatterten im Wind wie der Wimpel am Mast einer stolzen Jacht. Unverwandt sah sie mich an. Ich war glücklich und wünschte, die Sonne stünde still.

Das zweite Bild war fahl wie ein schlechter Traum. Reglos und taub stand ich in der Mitte einer regennassen Straße. Lichtlos die Häuser auf beiden Seiten. An eine Mauer gelehnt musterte mich mein Vater abschätzig. Und ohne sich umzudrehen, lief sie von mir fort. Ihre Umrisse wurden immer blasser, bis sie schließlich ganz verschwunden war.

Welchem Bild sollte ich trauen?

Gefrustet

Den ganzen Vormittag hatte ich an der Käsetheke bedient. Das war die Aufgabe, die ich am wenigsten leiden konnte. Immer wieder verwechselte ich die Käsesorten Tilsiter und Appenzeller. Oder ich vergaß, beim weichen Butterkäse das Papier zwischen die dünnen Scheiben zu legen. Dann waren erst die Kunden und nach der Beschwerde auch der Chef sauer auf mich. Ich fand es furchtbar anstrengend, über Stunden an der heruntergekühlten Theke zu stehen und jeden Augenblick ansprechbar sein zu müssen. Ungeduldig sehnte ich die Mittagspause herbei. Als ich endlich abgelöst wurde, ging ich wie fast jeden Mittag nach Hause.

Knapp zwei Jahre zuvor waren wir von der Bergstraße ins Zentrum der Stadt gezogen und wohnten nun nur ein paar Straßen vom Markt entfernt in einer Sozialwohnung im zweiten Stock. Als ich die Tür aufschloss, kroch der würzige Duft von Mutters Kürbissuppe in meine Nase. In unserer kleinen Küche saß Vater allein am Tisch. Er sah satt und zufrieden aus und hatte die Beine von sich gestreckt. Teilnahmslos stierte er auf den leer gegessenen Teller vor ihm.

„Hallo", sagte ich leise. Ich ging zu dem Wandschrank hinter seinem Stuhl, holte vorsichtig einen tiefen Teller heraus und schöpfte den Rest der tieforangenen Suppe aus dem Topf auf dem Herd. Wie lecker sie roch. Mit leisem Klirren nahm ich einen Löffel aus der Schublade. Dann setzte ich mich Vater gegenüber an den Tisch und begann schweigend zu essen.

„Und?", fragte er nach einer Weile.

„Mhm", machte ich mit vollem Mund, „alles in Ordnung."

Die Auskunft schien ihm auszureichen, was bedeutete, dass seine Laune heute ganz annehmbar war. Selbst als mir beim Löffeln etwas Suppe auf den Tisch tropfte, schaute er nur kurz auf, sagte aber nichts. Die Gelegenheit schien günstig.

Ich hatte meinen Teller zur Hälfte geleert und rührte mit dem Löffel langsam in der restlichen Suppe. So beiläufig wie möglich sagte ich: „Heute Abend komm ich etwas später heim."

„Wieso das?" Vater sah mich abschätzig an. Seine friedliche Schläfrigkeit war auf einen Schlag verflogen.

„Ich werd halt länger unterwegs sein." Um Zeit zu gewinnen, schob ich mir schnell den nächsten Löffel Suppe in den Mund.

„Nichts wirst du", entgegnete mein Vater und beugte sich so weit vor, dass ich seinen schweren Atem spürte. „Du bist um zehn zu Hause und damit basta!" Umständlich schob er seinen Stuhl zurück und stand auf.

„Ich bin bald achtzehn", setzte ich nach. „Da kann ich wohl auch mal länger wegbleiben."

„Wieso das?", fragte mein Vater und ohne eine Antwort abzuwarten: „Mit wem denn?"

„Mit meiner Freundin", gab ich trotzig zurück. Eigentlich hatte ich nicht vorgehabt, ihm von Manuela zu erzählen.

Sie zur Ipf-Messe einzuladen, dazu hatte ich nicht den Mut gehabt. Aber eines Tages, als sie wieder einmal bei uns einkaufte, sprach ich sie mit klopfendem Herzen auf dem Parkplatz vor dem Markt an. Eine Woche später standen wir gemeinsam auf dem Bahnsteig. Hand in Hand waren wir in den Stunden zuvor von einem Schaufenster zum nächsten geschlendert, hatten auch die Kinderwagen eingehend betrachtet und einen mit rotem Stoffbezug als bestes Modell gekürt. Dann war es Zeit für sie, nach Hause zu fahren. Die Bahn bremste kreischend. Bevor Manuela sich von mir losmachen konnte, gab ich ihr einen flüchtigen Kuss. Ihre Wange war unerwartet weich und warm. Lachend schob sie das Fenster in ihrem Abteil auf und winkte mir ausgelassen. Es hatte ihr also gefallen. Der Zug ruckte und fuhr an. Ich lief neben ihrem Wagen über den Bahnsteig und rief: „Sind wir jetzt zusammen?"

„Ja klar!", gab sie strahlend zurück und strich ihre dunklen Haare hinters Ohr.

Seit vier Wochen waren wir nun schon ein Paar. Sämtliche Kumpels beim Sport wussten es, so glücklich und stolz war ich. Wäre Vater aufmerksamer gewesen, hätte er bemerken können, dass ich seit Kurzem Deo benutzte. Aber das interessierte ihn nicht. Nun war es trotzdem heraus. Sein Sohn war liiert.

Er gluckste leise. „Mit deiner Freundin", wiederholte er gedehnt und sah an mir vorbei zum Küchenfenster hinaus. „Ha, wer will dich denn schon als Freund? Du kannst doch eh nichts." Er sagte es mehr zu sich selbst. So als könne er nicht glauben, was ich ihm da eben erzählt hatte.

Ich spürte einen Druck in meinem Hals und ließ den Löffel sinken. Vater stand jetzt an der Tür, die Klinke in der Hand. „Die Frauen nutzen dich doch bloß aus", schnaubte er. Er sah mich an, als sei ich der Letzte, der das noch nicht begriffen hatte. Dann ging er hinaus.

„Ich komme dann um zwölf", rief ich gegen die halb geschlossene Küchentür.

Mit zusammengekniffenen Augen steckte Vater seinen Kopf noch einmal herein. „Mir ist doch egal, ob die Mädels auf dich reinfallen oder nicht." Und dann lauter: „Du bist um zehn zu Hause! Sonst passiert was!"

„Bin ich nicht!", rief ich wütend. Aber das *nicht* wurde vom Knall der zugeschlagenen Tür verschluckt. Ich war nicht sicher, ob er es noch gehört hatte. Mit der flachen Hand schlug ich auf den Küchentisch, dass die Löffel in den Suppentellern schepperten.

Wieder im Markt, sah ich sehnsüchtig zur Uhr. Die drei Stunden Gemüseabteilung würde ich schon herumbekommen. Dann schnell unter die Dusche und ab zur Eisdiele. Für den Abend hatte ich mir etwas Besonderes einfallen lassen und konnte es kaum erwarten, meinen Plan zu verwirklichen.

Eine Stunde vor Feierabend rief mich der Chef in sein Büro. Ich klopfte an die Tür. Er bat mich herein. „Die Berufsschule hat sich gemeldet", sagte er trocken. Ich stand vor seinem Schreibtisch und versuchte in seinem Gesicht zu lesen, ob das etwas Gutes oder etwas Schlechtes bedeutete. Er ließ mich nicht lange warten. „Deine Prüfungsleistungen sind mangelhaft. Du kannst die Prüfung in einem halben Jahr wiederholen."

Das also auch noch. Stress zu Hause und die Prüfung versemmelt. Es war ohnehin nicht meine Idee gewesen, auf meinen Abschluss als Verkäufer noch einen Kaufmann im Einzelhandel „aufzusatteln", wie mein Chef es damals werbend formuliert hatte.

Grübelnd schichtete ich Bananen aus drei fast leeren Kartons in einen vollen. Wahrscheinlich war mein Prüfungsergebnis knapp ausgefallen und er wollte mich nur weiterhin als preiswerte Arbeitskraft halten. Aber noch einmal würde ich mir den Prüfungsstress nicht antun. Das stand fest. Wenn mein Chef tatsächlich darauf spekulierte, dann hatte er sich verrechnet. Er sollte nur nicht denken, dass ich besonders scharf darauf war, für ihn faule Äpfel auszusortieren und die Gänge zu schrubben. Ich konnte mir gut und gerne eine andere Arbeit suchen.

Ich war eine Viertelstunde zu früh an der Eisdiele. Als Manuela endlich die Straße herunterkam, entdeckte ich sie zuerst und lief ihr entgegen. Wenigstens hatte ich sie! Sie war mein Schatz und ich wild entschlossen, die Zeit mit ihr in vollen Zügen zu genießen. Koste es, was es wolle. Vater würde morgen wüten und toben, aber das war mir jetzt total egal. Wie so ziemlich alles – außer ihr.

„Tut mir leid." Ihre Umarmung fühlte sich schal an. Erschrocken machte ich mich von ihr los und sah ihr in die Augen. Sie blinzelte verlegen. „Ich kann nur kurz bleiben. Meine Eltern brauchen mich im Garten."

Nein. Nicht auch das noch. Das durfte nicht wahr sein. Manuela war der herbeigesehnte Lichtpunkt am Ende dieses dunklen Tages. Das konnte sie mir nicht antun. „Tut mir leid", flüsterte sie noch einmal. Wie oft hatte ich mir heute ausgemalt, ihre schlanke, warme Hand in meiner zu halten, während wir dicht an dicht über den Beiberg schlenderten, der Wind lustig mit ihren Haaren spielte und ihre Zähne in der Abendsonne blitzten, wenn ich sie zum Lachen gebracht hatte? Diese Vorstellung hatte mich durch den Tag getragen. Doch jetzt saß meine hübsche Freundin mit verschlossenem Gesicht vor mir. Lustlos stocherte sie in ihrem Erdbeereis. In meinem Becher schmolzen aneinandergedrängt zwei Schokokugeln dahin. Mir war der Appetit vergangen.

Ich hatte es satt.

Alles.

Am liebsten hätte ich meinen Stuhl an einem seiner verchromten Beine gepackt und ins Fenster der Eisdiele geschleudert.

Himmelslicht

Der schmale Pfad teilte sich den Hang hinauf ein paarmal und verlor sich unterhalb der Kuppe zwischen den wie hingeworfen liegenden Felsblöcken. Ich kannte den Weg auf den Beiberg in- und auswendig. Darum machte mir die Dunkelheit nichts aus.

Bei Sonnenschein und klarer Luft hatte man von hier oben einen fantastischen Rundumblick. Man sah die Felder und Wälder im Norden und Süden. Gelb leuchtete dann *Maria Heim-suchung* zwischen den Häusern und schickte regelmäßig ihre Glockenrufe hinauf. An den Südhang des Schlossbergs gegenüber schmiegten sich eins neben dem anderen die hellen Häuser, als suchten sie Schutz. Zwischen den zwei Bergen wogte ein See aus roten und grauen Dächern, durch den sich die Bergstraße wand, unsichtbar wie eine Schlange in trübem Wasser. Abends ging die Sonne über dem penibel kurz gehaltenen Rasen des FC Schlossberg unter. Das war mein Reich. Hier war mir jeder Winkel und jede Ecke vertraut. Hier war ich als Kind über Gartenzäune geklettert und kannte jeden Stein.

Von all dem war jetzt nicht mehr zu sehen als ein Teppich unregelmäßig angeordneter Lichtpunkte, die wie willkürlich in unterschiedlicher Farbe und Größe leuchteten. In der Dunkelheit versuchte ich Onkel Heinz' Haus auszumachen, konnte es aber nicht finden. Es war schon eine Weile her, dass ich das letzte Mal bei ihm gewesen war. Auch meinem geliebten Beiberg hatte ich schon länger keinen Besuch mehr abgestattet. Dafür war der heutige Ausflug hier hinauf lange geplant.

Der Wind frischte auf. Unter mir verloschen nach und nach die Lichter, während am wolkenlosen Himmel die Sterne funkelten, ohne dass ich sie beachtet hätte.

Ich war allein. Ich fühlte mich elend. Mir war, als hätte sich die gesamte Welt gegen mich verschworen. Meine brodelnde Wut auf Vater, den Chef, ach, auf einfach alles hier hatte inzwischen einer müden Traurigkeit Platz gemacht. Ich hatte es mir so schön vorgestellt, nach dem Eisessen mit Manuela hierherzukommen. Schokolade und Chips, Bier und Fanta hatte ich besorgt. Ich wollte ihr zeigen, wo ich als Kind im Sommer Indianerhäuptling gespielt hatte und im Winter als Bobfahrer den Hang hinabgestürmt war. Auf eine Reise in meine Kindheit wollte ich sie entführen und ihr meine Seele zeigen.

Aber sie war nicht da.

Also tigerte ich allein über die flache Kuppe des Beibergs. Statt ihre Hand zu halten, vergrub ich meine in der Hosentasche. Mich fröstelte.

Wie ein Gefangener ging ich auf und ab, mit Gedanken so finster wie die Nacht, die von Osten langsam heraufgekrochen war und inzwischen jede Ritze und jeden Winkel ausfüllte. Nach Hause gehen konnte ich auf keinen Fall. Dann hätte Vater recht behalten. Ich hörte ihn schon durch die Wohnung posaunen: „Hab ich's dir doch gleich gesagt. Du bist nichts für Frauen."

Dass Manuela mich für diesen einen Abend versetzt hatte, war schon schlimm genug. Er hätte das nicht begriffen, nicht begreifen wollen und sich wochenlang einen Spaß daraus gemacht. Nein, Vater durfte nicht recht behalten. Das verbot mein Stolz. Schlimm genug, dass ich die verpatzte Prüfung nicht vor ihm verbergen konnte. Er durfte auf jeden Fall erst davon erfahren, wenn ich die neue Anstellung sicher hatte. So lange musste ich es ihm verheimlichen.

Wie eine graue Eule aus dem dunklen Nichts tauchte mit einem Mal ein anderer Gedanke auf. Lautlos schwebte er heran, kam immer näher und verkrallte sich schließlich so gründlich in meinem Kopf, dass ich ihn nicht mehr loswurde.

Was, wenn Vater recht hatte? Was, wenn ich tatsächlich unfähig war, unfähig zu allem und keinen Deut besser als er? Die Vorstellung, einmal zu enden wie er, schnürte mir die Luft ab. Nein, ich wollte ein anderer Mensch sein! Aber was nützte mein Wollen, wenn ich seinem Schatten nicht entfliehen konnte? War die verpatzte Prüfung nicht Beweis genug? Und Manuelas Absage? Was machte mich eigentlich so sicher, dass sie nicht der Anfang vom Ende war?

Verzweiflung und Hilflosigkeit machten sich breit. *Wer bin ich?* Je länger ich hier stand und über mein Leben nachdachte, umso vergeblicher schienen mir alle meine Anstrengungen. Es nützte ja doch nichts. Ich konnte machen, was ich wollte. Eine Weile lang ging es gut. Dann stürzte alles krachend in sich zusammen wie ein verrotteter Baum.

Schwach hoben sich die Umrisse des Gipfelkreuzes gegen den matt schwarzen Nachthimmel ab. Auch Gott konnte mir jetzt nicht helfen.

Die Hände in den Taschen, schlenderte ich zum Kreuz hinüber. Wie oft hatte ich als kleiner Junge in der Kirche unten im Tal beim Gekreuzigten gestanden? Damals gab er mir Trost. Seine Nähe tat mir gut und milderte meine Traurigkeit. Warum war das jetzt so weit weg? Warum bedeutete er mir in diesem Moment so wenig? Lag es daran, dass ich kaum noch in die Kirche ging, seit wir umgezogen waren? Fehlte mir der Zuspruch meiner verstorbenen Oma?

Je länger ich darüber nachdachte, umso lebhafter wurde die Erinnerung. Wie bewegliche Kulissen eines Puppentheaters zogen die Szenen an mir vorüber. Hatte Gott mich nicht jedes Mal getröstet, wenn ich mich ihm anvertraut hatte?

Ich schloss die Augen und legte meine Stirn an den Stamm des Kreuzes. Ich spürte den kalten Stahl.

„Ich mag nicht mehr", sagte ich halblaut.

Der Klang meiner Stimme erschreckte mich. Das zu denken, war das eine, es zu hören, etwas ganz anderes. Wahrscheinlich hatte auch Gott es gehört.

„Ich weiß, du hast es nicht so mit Zeichen", redete ich weiter, „und ich weiß, ich bin es dir nicht wert. Aber wenn du mich noch liebst ..."

Ich hielt inne und hatte meine Augen weiter geschlossen. Was sollte ich von Gott erbitten? Um mich her war es still. In der Ferne knatterte ein Moped über die Landstraße, sonst war nichts zu hören.

„Ein Zeichen wäre jetzt toll", murmelte ich schließlich.

Traurig stand ich vor dem Kreuz. Ich erwartete nichts, hing einfach meinen Gedanken nach. Auf einmal hörte ich eine Stimme. Leise und liebevoll sprach sie: „Mach bitte deine Augen auf."

Ohne darüber nachzudenken, was da gerade geschah, schlug ich die Augen auf. Genau in diesem Moment fiel über dem nahen Wald eine Sternschnuppe vom Himmel. Sie fiel ganz langsam. Ihr Licht war so klar und so weich, dass ich sicher war, Gott selbst hatte sie mir geschickt. Ich war überwältigt. Hätte ich meine Augen nur eine Minute später aufgemacht, wäre mir dieses unbeschreibliche Zeichen entgangen.

Aber Gott hatte mir genau im richtigen Moment die Augen geöffnet. Dieses sanfte, freundliche Himmelslicht war seine Antwort auf mein Gebet. Davon war ich überzeugt. Es erinnerte mich daran, dass ich mit allem, was in meinem Leben schiefgelaufen war, nicht allein klarkommen musste. Es erinnerte mich daran, dass er bei mir war. Wenn dieser große Gott, der die Welt geschaffen hat und die Sterne um sie herum, auf mein Gebet antwortete, dann war eines klar:

Ich war ihm wertvoll.

Ich, Michael Stahl, den keiner zu mögen schien und der ohne

Zukunft war, bedeutete Gott so viel, dass er so etwas Wunderschönes getan hatte.

Wenn ich ehrlich war, musste ich einsehen, dass ich ihn in letzter Zeit links liegen gelassen hatte. Aber er hatte mich nicht vergessen. Er hatte mir eine Botschaft geschickt. Würde er mir auch in anderen Situationen helfen können?

Leben aus der Tüte

Die Sternschnuppe vom Beiberg war ein echter Hoffnungsschimmer. Sie stellte mein Leben zwar nicht komplett auf den Kopf, aber die Dinge erschienen nun in einem anderen Licht. Wenn Gott auf mein kindlich trotziges Gebet geantwortet hatte, konnte er sicher auch für meine Probleme Lösungen schaffen.

Doch der Ärger mit meinem Vater wollte nicht aufhören. Es gab Wochen, da gerieten wir beinahe täglich aneinander. Meist entzündete sich der Streit an einer dummen Kleinigkeit und steigerte sich nicht selten, bis wir uns gegenseitig anschrien.

Eines Tages kam Vater freudestrahlend nach Hause. Für sagenhafte 29,90 Mark hatte er eine Busreise nach Paris erstanden. Da wir praktisch nie in den Urlaub fuhren, war das eine kleine Sensation. Hoffnung keimte in mir auf. Hoffnung auf eine fröhliche Zeit, in der wir den Stress von zu Hause hinter uns lassen konnten.

In Paris angelangt, machten Vater und ich uns voller Stolz auf den Weg. Wir hatten zehn Stunden Zeit, um diese geheimnisvolle Stadt auf eigene Faust zu erkunden. Vom Eiffelturm kommend, hatten wir zwischen Seine und Bürgerhäusern bald die Orientierung verloren. Vater war der festen Meinung, wir sollten die kreuzende Straße nach links weitergehen. Derweil versuchte ich ihm anhand der Karte begreiflich zu machen, dass wir nach rechts mussten, wenn wir den Triumphbogen finden wollten.

„Du alter Besserwisser!", herrschte er mich an. „Du hast mir überhaupt nichts vorzuschreiben!"

Die Köpfe der Passanten fuhren herum. *Wenigstens verstehen sie ihn hier nicht,* dachte ich. Trotzdem war mir sein Gebrüll peinlich. Schließlich waren wir in Paris. Die Leute um uns her waren gut gekleidet. Und auch wenn ich es nicht hätte genau beschreiben können, muteten sie irgendwie französich an. Eben anders als die Leute zu Hause. Aber bei Vater und mir war alles wie immer. Wir brauchten nur einen winzig kleinen Anlass, schon stritten wir wie eh und je. Dafür hätten wir uns nicht acht Stunden lang in die Bussitze zwängen müssen.

„Du kannst laufen, wohin du willst", erwiderte ich aufgebracht. „Ich geh nach Karte. Und das heißt, nach rechts."

Nach kurzem Zögern trottete er mir schließlich nach. Erbittert schweigend liefen wir die nächsten zwei Stunden nebeneinander her. Unsere Stimmung war am Nullpunkt. Daran konnte auch die Stadt der Liebe nichts ändern.

Der viele Ärger legte sich bei mir auf den Magen. Wenn Vater und ich ernsthaft aneinandergerieten, wechselte sich in meinem Bauch oftmals ein undefinierbares Völlegefühl mit schmerzhaften Krämpfen ab. Es ging so weit, dass ich kurz nach meinem 18. Geburtstag mit einer akuten Entzündung der Magenschleimhaut ins Krankenhaus eingeliefert wurde.

Vater musste sich zur selben Zeit einer aufwendigen Untersuchung unterziehen und es kam, wie es kommen musste: Wir landeten im selben Krankenzimmer. Kaum war Vater aus der Narkose erwacht, ging es bei uns schon wieder hoch her. Ich solle hier nicht einen auf leidend machen und faul herumliegen. Er sei schwer krank, aber ich solle gefälligst meinen Arsch zusammenkneifen und arbeiten gehen.

Schon am nächsten Tag beschwerten sich die zwei anderen Patienten im Zimmer bei der Stationsschwester und baten, verlegt zu werden. Nach einer weiteren Untersuchung sah mich der Arzt durch seine dunkle Hornbrille ruhig an. „Sie sollten dem Stress mit Ihrem Vater nach Möglichkeit aus dem Weg gehen", sagte er sanft, aber mit Nachdruck. „Das wäre die beste Medizin."

Anschließend lag ich niedergeschlagen in meinem weiß bezogenen Krankenhausbett und grübelte. Was nützte das ständige Kämpfen? Was brachte der andauernde Ärger? Keiner hatte etwas davon. Ich betrachtete die strahlend weißen Wände und sah zur ebenso weißen Zimmerdecke hinauf. Licht flutete durch die Fenster herein. Der Arzt hatte recht: Es musste sich etwas ändern. Unbedingt. Beim nächsten Krach würde ich ausziehen.

Es war kalt geworden und die Adventszeit nicht mehr weit. Der erste Schnee ließ noch auf sich warten. Aber wenn ich morgens zur Arbeit ging, waren die Pfützen zugefroren und die Autos am Straßenrand vom Raureif bedeckt wie von einer zweiten Haut. Ging ich am Nachmittag von der Arbeit geschafft nach Hause, stand der milchig blasse Sonnenball nur noch knapp über dem Horizont und die Stadt lag in starrem Grau. Nur aus den Schornsteinen drängte der Rauch.

Als ich an jenem Tag zur Tür hereinkam, spürte ich sofort die gereizte Stimmung. Spannung lag in der Luft. Vater hatte Nachricht aus der Klinik erhalten. Der Verdacht auf einen Tumor hatte sich bestätigt und er sollte ein zweites Mal untersucht werden.

„Und an allem bist du schuld", sagte er, ohne den Blick vom Fernseher abzuwenden. Er sprach es ruhig aus, fast resigniert. Seine Stimme klang nicht vorwurfsvoll, sondern als sei ein trauriger, über die Zeit hin gewachsener Gedanke endlich spruchreif.

Vielleicht hätte ich seinen Vorwurf einfach ignorieren sollen. Vielleicht wäre es besser gewesen, mir vor Augen zu halten, dass ich es mit einem enttäuschten, kranken Mann zu tun hatte, der selbst von seinem Vater kaum echte Liebe erfahren hatte. Vielleicht wäre das die bessere Reaktion gewesen. Stattdessen erlaubte ich seiner widersinnigen Anschuldigung, mich tief zu kränken.

„Warum?", gab ich gereizt zurück.

Doch bei unseren Disputen ging es nie um den Austausch von Argumenten.

Es war nur folgerichtig, dass mein Vater in der eingeschlagenen Richtung fortfuhr. „Du bist schuld an allem", griff er mich zum zweiten Mal an, ohne von meiner Frage Notiz zu nehmen.

Dumpf und schnell hämmerte der Puls in meinen Adern. Der Arzt kam mir wieder in den Sinn und mein im Krankenhaus gefasster Entschluss. Er war noch nicht vier Wochen alt. Heute würde ich ihn in die Tat umsetzen.

„Mir reicht's", sagte ich aufgebracht, ließ meinen Vater allein mit seiner Wut und marschierte in mein Zimmer. Aufgewühlt wanderte ich zwischen Bett, Schrank und Schreibtisch hin und her. Was ich mitnehmen wollte, warf ich auf einen Haufen, alle übrigen Sachen würde ich hierlassen. Schnell wuchs der Stapel auf dem Fußboden: zwei Hosen, drei Pullover, ein Jogginganzug, T-Shirts und Unterwäsche. Auch meine Konfirmationsbibel, einen Schreibblock und Stifte legte ich dazu.

Die Tür ging auf. Seine Baseballmütze leicht in den Nacken geschoben, sah mein Vater herein.

„Was machst du denn da?", fragte er unwirsch.

Ich tat, als hätte ich ihn nicht bemerkt, und schmiss ein weiteres T-Shirt auf den Boden.

Mein Vater blieb im Türrahmen stehen und beobachtete mich stumm.

„Ich ziehe aus", gab ich nach einer Weile zurück und stopfte den zweiten Fußballschuh in eine Tüte.

„Du kannst doch nicht einfach gehen."

Er klang jetzt fast ein wenig hilflos. Offensichtlich konnte er sich nicht vorstellen, dass ich es ernst meinte.

Aber das stachelte mich noch mehr an. „Doch, ich gehe jetzt",

sagte ich mit fester Stimme. Wie zum Beweis nahm ich meine ge-
fütterte Jacke vom Boden und zog sie an. Es war wie auf einem
Hochseil. Den Fixpunkt auf der anderen Seite hatte ich so fest
im Blick, dass alles andere rechts und links im Nebel versank.
Ich war nicht einmal wütend auf meinen Vater. Ich hatte einfach
einen Entschluss gefasst. Und den setzte ich jetzt um.

Mir fielen meine Zahnbürste und das Rasierzeug ein. Beides
musste ich auf jeden Fall mitnehmen. Ich trat auf meinen Vater
zu, schob mich mit klopfendem Herzen an ihm vorbei und lief
ins Bad. In Socken auf den kalten Fliesen packte ich Handtuch,
Rasiermesser, Rasierschaum und Duschbad in meinen Grosso-
Beutel. Zuletzt warf ich meine Zahnbürste vom Glasbord unter dem Spiegel dazu. Die Zahnpasta ließ ich stehen. Vater etwas
schuldig zu sein, war das Letzte, was ich wollte.

Als ich in mein Zimmer zurückkam, war Vater verschwunden.
Umso besser. Ich sah mich noch einmal um und versuchte mich
zu konzentrieren. Hatte ich auch nichts Wichtiges vergessen? Was
ich jetzt nicht mitnahm, würde für immer hierbleiben. Ich plante
keinen Kurztrip. Ich brach hier endgültig meine Zelte ab.

Mit beiden Händen griff ich den Kleiderstapel auf dem Boden
und stopfte ihn in weitere Plastiktüten. Am Ende steckte mein
gesamter Besitz in fünf Supermarkttaschen. Drei nahm ich in
die linke Hand und zwei in die rechte. Es hatte keine Viertelstunde gedauert, alles zusammenzubringen. Zufrieden ging ich
in den dunklen Flur hinaus. Im Wohnzimmer hörte ich den Fernseher laufen. Ich ließ das Licht aus und ertastete im Halbdunkel meine Schuhe. Während ich sie fest verschnürte, lauschte ich
auf jedes Geräusch. Er konnte jeden Moment die Tür aufreißen
und auf mich losstürmen. Noch unangenehmer wäre mir, wenn
Mutter unverhofft zur Wohnungstür hereinkäme. Was sollte ich
ihr sagen? Sie konnte doch für all das nichts. Eilig stand ich auf.
Ich griff meine Beutel, trat ins Treppenhaus und zog die Tür ins
Schloss.

Die kalte Luft vor dem Haus tat mir gut. Unsere Nachbarin, Frau Tschernak, kam mir entgegen. Sie war eine fröhliche, untersetzte Frau mit schwarz gefärbten Haaren, die sie meist zu einem aufwärts gerichteten Knoten zusammenband. Im Haushaltwarenladen im Erdgeschoss unseres Hauses bediente sie die Kunden. „Hallo, Micha", rief sie mir lächelnd zu. Auf den zweiten Blick entdeckte sie meine Plastikbeutel und sah mich erstaunt an. „Wo willst du denn hin?"

„Ich ziehe aus."

Frau Tschernak hob die schmal gezupften Augenbrauen und runzelte ihre sonst so glatte Stirn.

Noch bevor sie etwas erwidern konnte, fragte ich: „Können Sie mir ein Taxi rufen?"

Jawohl. Ein Taxi. Ich schlich nicht heimlich durch den Hintereingang hinaus. Jeder sollte sehen können, wie mir der Taxifahrer jetzt die Tür aufhielt, ich in den Mercedes stieg und in dem beigen Wagen davonglitt. Es hatte etwas wunderbar Freies und Großes und fühlte sich genau richtig an. Hatte Vater die Szene vom Wohnzimmerfenster aus beobachtet? Ich wünschte es mir. Denn um ihn ging es bei dieser Sache mindestens so sehr wie um mich selbst.

Ich musste dem Fahrer mit dem kleinen silbernen Stecker im rechten Ohr wohl irgendeine Adresse genannt haben. Er hatte den Wagen ein paar Hundert Meter weit gesteuert, als ich wie aus einem Traum aufwachte. Ich hatte kein Ziel. Zwar wusste ich, dass ich wegwollte, aber ich konnte nicht sagen, wohin. In mir sackte etwas zusammen und ich kam mir auf einmal vor wie ein kleines trotziges Kind, das sich im Jahrmarktgewühl von den Eltern losgerissen hatte und nun verloren dahintrieb.

Im Radio verkündete die ruhige Stimme des Nachrichtensprechers, dass bei einem Erdbeben der Stärke 6,9 auf der Richter-Skala in Armenien mehrere Tausend Menschen ums Leben gekommen waren, während auf dem Taxameter die kleinen roten Zahlen in verlässlichem Rhythmus wuchsen.

Panik stieg in mir auf. „Können Sie da vorn bitte anhalten?"
Überrascht sah der Taxifahrer zu mir herüber. „Ja, gleich hier",
setzte ich energischer nach und er bremste abrupt. Zum Glück
hatte ich ausreichend Geld im Portemonnaie. Ich zahlte den ge-
nauen Betrag und stieg aus.

Kalter Wind strich durch die Straße. Ich stellte meine fünf
Plastiktüten auf dem Gehweg ab und zog den Reißverschluss
meiner Jacke bis zum Kinn hinauf. Die Straßenlaternen schnitten bereits helle Kegel in die fahle Dämmerung, als der Mercedes
hinter mir davonbrauste. Passanten wechselten zielstrebig die
Straßenseite. Einige trugen ihre Einkäufe nach Hause, ohne mich
zu beachten, während ich ihnen stumm hinterhersah. Obwohl ich
hier jede Straße und jeden Winkel kannte, fühlte ich mich in diesem Augenblick unendlich allein. Zu den Gesichtern vieler Leute
im Ort wusste ich die Namen oder sogar ihre Geschichten. Aber
jetzt wirkten sie fremd, ja fast feindselig.

Der eisige Wind stach mir in die Nase und raschelte mit meinen Beuteln. Es war höchste Zeit, einen Platz zum Schlafen zu
finden. Axel und Tanja kamen mir in den Sinn. In der Berufsschule hatten sie oft vom Ärger mit ihren Eltern erzählt. Das
hatte zwischen uns schnell Nähe geschaffen und mündete in eine
lockere Freundschaft. Obwohl ich zur Feier nicht eingeladen war,
wusste ich, dass die beiden vor zwei Monaten geheiratet hatten
und seither in einer kleinen Wohnung am Ortsrand wohnten. Sie
würden mich bestimmt für ein paar Tage aufnehmen, oder? Hoffnung und Zweifel im Herzen griff ich mit klammen Fingern nach
meinen Beuteln und machte mich auf den Weg.

Je näher ich ihrer Wohnung kam, umso angespannter war ich.
Was, wenn sie verreist waren? Und wenn sie die Tür öffneten,
würden sie mich bei sich übernachten lassen? Nach einer knappen Stunde Fußmarsch fand ich ihren Namen auf dem schwach
beleuchteten Klingelschild. Ohne meine Beutel abzusetzen,
drückte ich den spröden Knopf. Das leise Gluckern im Lautspre-

cher verriet, dass es zwei Etagen über mir läutete. Dann war es still. Angestrengt starrte ich auf die fünf Schlitze im Klingelschild. Sie waren mit Dunkelheit gefüllt und stumm. „Los, meldet euch", raunte ich. Eine kleine Dampfwolke stieg aus meinem Mund auf. Sonst passierte nichts.

Ich sah mich um und klingelte erneut, diesmal länger. Stille. Das durfte doch nicht wahr sein! Axel und Tanja waren an diesem trostlosen Abend meine einzige Hoffnung. Ich grübelte, bei wem ich sonst Unterschlupf finden konnte. Mir fiel niemand ein. Also stellte ich mich neben die Eingangstür und wartete. Mir blieb nichts anderes übrig. Nachbarn kamen aus dem Haus und gingen hinein. Sollte ich wenigstens versuchen, hinter einem von ihnen heimlich in den Hausflur zu huschen, um der beißenden Kälte zu entfliehen? Jedes Mal, wenn auf der Treppe das Licht aufleuchtete, betete ich, Axel und Tanja sollten zur Tür herauskommen. Aber immer beargwöhnten mich fremde Gesichter und Eltern zogen ihre Kinder näher zu sich, wenn sie mich sahen.

Mit klammen Füßen ging ich ein paar Schritte die Straße hinab, lief zum Haus zurück und klingelte wieder. Vergeblich, von Axel und Tanja fehlte jede Spur. Was war ich nur für ein erbärmlicher Versager, der es nicht einmal hinbekam, von zu Hause abzuhauen? Zurück konnte ich auf keinen Fall. Die Schmach wäre zu groß. Außerdem hatte ich den Schlüssel am Haken neben der Tür hängen lassen. Und zu klingeln und um Einlass zu bitten, diesen Triumph konnte ich Vater auf keinen Fall gönnen.

Ohne zu wissen, wohin, marschierte ich frustriert los. Ich spürte kaum noch meine Fingerkuppen. Der eisige Wind und die schmalen Henkel der Grosso-Beutel schnitten mir ins Fleisch. Ziellos irrte ich durch die nächtlichen Straßen, vorbei an spärlich beleuchteten Schaufenstern, stummen Parkbänken und überfüllten Mülleimern. Durchgefroren und ohne Plan B stand ich kurz nach Mitternacht wieder vor der Haustür von Axel und Tanja. Mit zitternden Fingern drückte ich den Klingelknopf und wartete verzweifelt. „Mach, dass sie da sind!", flüsterte ich und sah an der Hauswand hinauf in den dunklen Nachthimmel. Endlich, beim zweiten Versuch, summte der Schnapper. Was für ein Glück.

Hastig erzählte ich Axel und Tanja von meinem Vater, der Taxifahrt und meiner nächtlichen Odyssee. Die beiden waren sofort einverstanden. Als ich meine Plastikbeutel endlich aus den Händen legen konnte, war mir, als befreite ich mich von einer Zentnerlast. Erschöpft, dankbar und froh sank ich in den braunen Sessel neben der abgewetzten Couch. *Das ist also mein neues Zuhause,* schoss es mir durch den Kopf, während das Blut mit tausend Nadelstichen in meine Hände zurückkehrte. Der Schmerz zerrte an mir, aber ich ließ mir nichts anmerken. Alex kam aus der Küche und wir feierten meine Freiheit mit heißem Kräutertee.

Der Abstand zu meinem Vater tat mir gut. Ich spürte, wie ich allmählich zur Ruhe kam. Aber wirklich entspannt war es auch nicht, eine Nacht hier und die andere dort zu verbringen. Immer wieder war ich darauf angewiesen, dass mich jemand auf seiner Couch übernachten ließ. Vier Tage war ich bei Axel und Tanja gewesen. Eine Woche bei einem Arbeitskollegen, dessen Frau zur Kur war. Dann wohnte ich für zwei Wochen bei Freunden, die fast jeden Abend auf einem anderen Heavy-Metal-Event verbrachten. Ich hatte keinen Schlüssel für ihre Wohnung und musste mich auf der Straße in der Kälte herumdrücken, bis sie gegen zwei Uhr morgens endlich nach Hause kamen.

Manuela, mit der ich inzwischen seit fast zwei Jahren zusammen war, sollte von all dem nichts mitbekommen. Dass ich keine eigene Bleibe hatte und meine Klamotten mal in die Waschmaschine eines Kumpels steckte und mal mit der Hand im Waschbecken auswusch, fand ich blamabel. Es passte nicht zu dem Bild, das sie von mir haben sollte. Es machte mich so abhängig und bedürftig. Wie sollte sie da zu mir aufschauen? Da sie mich ohnehin noch nie bei meinen Eltern besucht hatte, war mein Versteckspiel erfolgreich. Wir trafen uns weiterhin in der Stadt oder ich fuhr in das zehn Kilometer entfernte Nachbardorf, wo sie bei ihren Eltern wohnte.

Es war kurz nach Weihnachten. Der Schnee lag dick auf den Dächern, Bäumen und Feldern. Selbst die geräumten Straßen waren mit einer festen Schicht bedeckt. Wie immer verabschiedete ich mich zehn nach zehn von Manuela, um den Bus um 22:17 Uhr zu erreichen. „Gute Nacht", sagte Manuela und lächelte liebevoll. „Gute Nacht", erwiderte ich und küsste sie mit geschlossenen Augen leise auf den Mund. „Weißt du, wo du heute schläfst?", fragte sie und blickte mich von unten herauf an. „Klar", sagte ich und griff hastig nach der Türklinke.

An der Bushaltestelle lief ich mit kleinen Schritten auf und ab. Woher wusste Manuela, dass ich für heute noch keine Bleibe gefunden hatte? Hatte ich in einer unbedachten Bemerkung meine Plastiktüten erwähnt, die ich mal hier und mal da unterstellte, und mich so verraten oder erspürte sie einfach, dass etwas nicht stimmte?

Ich stampfte mit dem Fuß in den festgetrampelten Schnee. Kurz vor halb elf war der Bus immer noch nicht gekommen. Ich steckte mein Kinn tiefer in den Kragen, aber es half nur wenig gegen die Kälte und den beißenden Wind.

Warum wartest du eigentlich so verbissen auf den Bus?, fragte ich mich. *Du hast doch in der Stadt genauso wenig einen Platz zum Schlafen wie hier. Ist es nicht gleichgültig, wo du frierst?* Mir kam die kleine Höhle am Fuße des Beibergs in den Sinn. Als Kinder hatten wir dort kleine Feuer angezündet und uns diebisch gefreut, wenn die hineingeworfenen Tischtennisbälle fauchend aufloderten. Vielleicht konnte ich mich dort verkriechen? Doch auch um zum Beiberg zu kommen, musste hier endlich der Bus auftauchen.

Ich sah die Straße hinauf. Zwei Scheinwerfer tasteten über die milchig braune Schneedecke. Es wurde ja auch Zeit … Doch es war nur ein Lieferwagen, der langsam vorüberfuhr. So ein Mist! Vielleicht sollte ich versuchen, per Anhalter aus diesem verlassenen Dorf wegzukommen?

Ich sah noch einmal in die Richtung, aus der ich den Bus erwartete. Eine junge Frau lief auf die Haltestelle zu. Erst auf den zweiten Blick erkannte ich Manuela. Ihre Haare klemmten unter dem hastig umgeschlungenen Wollschal. Sie kam dicht an mein Gesicht heran und sah mich mit ihren dunklen Augen an, die irgendwie traurig wirkten.

„Gell, du weißt nicht, wohin."

Ich wich ihrem Blick aus.

„Ich hab mit meinen Eltern gesprochen", sagte sie. „Du kannst bei uns schlafen."

Kämpfernatur

Mit zwei Decken über dem Arm kam Manuela ins Wohnzimmer. Sie warf sie aufs Sofa, trat zu mir ans Fenster und legte ihre Arme um meinen Nacken. „Das ist wirklich kein Problem." Sie sah zu mir hinauf und ich wusste, dass ich ihr glauben konnte. „Meine Eltern haben gesagt, dass es für sie in Ordnung ist."

Ich blickte auf die verschneite Straße und das Haltestellenhäuschen hinunter. Von hier aus hatte sie mich also beobachtet. Dann drehte ich den Kopf zu ihr. „Danke", erwiderte ich.

Lange konnte ich nicht einschlafen. Auf der Couch liegend verfolgte ich die hellen Striemen, die die langsam vorbeifahrenden Autos im Halbkreis über die Zimmerdecke schickten, während meine Gedanken umherwirbelten wie vom Wind gefangene Schneekristalle in einer Häuserecke.

Das wievielte Bett, die wievielte Couch, Isomatte oder Matratze war das eigentlich, seit ich vor acht Wochen von zu Hause abgehauen war? Es fiel mir schon schwer, mich an Einzelheiten zu erinnern.

„Du kannst doch nicht einfach gehen", hatte Vater gesagt, als wir uns zuletzt in der Wohnung gesehen hatten. Und ob ich gehen konnte. Nach all dem, was gewesen war! Mindestens das hatte ich ihm bewiesen. Wie es wohl in meinem Zimmer aussah? Hatten sie alles gelassen, wie es war? Vermissten sie mich?

Plötzlich erinnerte ich mich an das Vereinsfest des FC Schlossberg vor ein paar Jahren. Stände und bunte Buden waren auf dem Spielfeld aufgebaut. Der Regen der letzten Tage hatte den Rasen aufgeweicht. Betrunken wie er war, verhaspelte sich Vater beim geselligen Torwandschießen und fiel in den Schlamm. Vom Misserfolg gekränkt, ging er schimpfend und fluchend davon, sich das nächste Bier zu holen. Die Leute in meiner Nähe tuschelten. Zwei Frauen zeigten auf seinen davontaumelnden Rücken und lachten. Ich fühlte mich so fehl am Platz. Vaters Auftritt war mir peinlich. Ich wollte am liebsten weg von ihm. Einfach nur ich selber sein und nicht der Sohn dieses bemitleideten und belächelten Säufers. In diesem Moment kam ein wildfremder Mann auf mich zu. Er hielt einen Plastikbecher mit Bier in der Hand, schwankte wie eine junge Birke im Wind und sah mich gläsern an. „Du tust mir soooo leid", sagte er gedehnt.

Ich ließ ihn stehen und ging davon. Ich wollte mit dem allen nichts zu tun haben. Mein Magen verkrampfte sich. Ich schämte mich für meinen Vater. Als ich an meinem Trainer vorbeilief, klopfte der mir auf die Schulter und sagte so leise, dass die Umstehenden es nicht hörten: „Micha, du tust mir echt leid."

Ich hätte heulen können.

Damals auf dem Vereinsfest und hier auf dem Sofa. Ohne eigene vier Wände, immer neu auf der Suche nach einem Schlafplatz und stets auf der Hut, dass Freunde und Kollegen nicht merkten, was wirklich los war, tat ich mir selber leid.

Ich dachte an Onkel Heinz. Warum hatte er mich eigentlich nie bemitleidet? Egal was schiefgelaufen war, Onkel Heinz hatte immer einen guten Einfall gehabt. Keine Sackgasse war so finster, dass er nicht wusste, wie man wieder herauskam. Auf der Wiese im Garten hinter seinem Haus brachte er mir bei, mich aus seinem erbarmungslosen Schwitzkasten zu befreien. Ich sah ihn vor mir, wie er sich hinhockte, mir nach meinem weinerlichen Bericht von einer verlorenen Schulhofschlägerei aufmunternd und fest in die Augen sah. Mit seinen starken Händen hielt er meine Schultern umfasst und sagte: „Tu das nie! Wenn du einmal wegläufst, läufst du immer weg." Onkel Heinz hatte auch die Idee, dass ich

Judo machen sollte. „Du wirst sehen, das macht dir Spaß", hatte er gesagt.

Als ich das erste Mal zum Judo ging, war ich zwölf Jahre alt. Der Trainingsraum war so groß wie unser Klassenzimmer in der Schule. Natürlich fehlten Tafel, Tische und Stühle. Dafür lagen blaue und graue Matten überall auf dem Boden. Die Wand den Fenstern gegenüber war über die gesamte Breite mit Spiegeln verkleidet. Der Trainer und alle Kinder trugen tolle weiße Judoanzüge aus festem Stoff. Schnell hatte ich verstanden, dass die verschiedenfarbigen Gürtel das Können eines Kämpfers anzeigten. So bald wie möglich wollte ich auch einen der dunklen Gürtel haben und nahm mir vor, hart dafür zu trainieren.

Doch mir fehlte nicht nur der dunkle Gürtel. Wenn ich zur Spiegelwand hinüberguckte, sah ich den Trainer und die anderen in ihrer weißen Judokleidung. Mittendrin stand ich in meinem blauen, ausgebeulten Jogginganzug. Ich kam mir so lächerlich vor. Mit meinem Anzug ging es so lange gut, wie wir Fallübungen machten. Dann kamen die Manöver, für die wir uns in die Anzüge greifen und gegenseitig zu Boden werfen mussten. Da wurde es schon schwieriger. Ich hatte jedes Mal Angst, mit zerrissenen Klamotten nach Hause zu kommen. Das hätte ein fürchterliches Theater gegeben.

Im Anschluss an ein Training, in dem wir die Würfe *O Goschi* und *De Ashi Barai* geübt hatten, rief mich der Trainer zu sich. Ich war aufgeregt, was er mit mir allein besprechen wollte.

„Ich habe dich heute beobachtet, Micha", begann er. „Du machst das ganz gut. Du hast Talent." Ich strahlte über das ganze Gesicht und konnte es kaum glauben. Heute war ich erst das fünfte Mal zum Training gekommen. Wie ein Schwamm sog ich das Lob auf. Das musste ich den Eltern erzählen oder Onkel Heinz! Sicher waren sie stolz auf mich. „Wenn du richtig trainieren willst", sagte der Übungsleiter weiter, „brauchst du aber auch einen richtigen Judoanzug. Mit dem hier", er nahm den nass-geschwitzten Stoff meines Oberteils zwischen Zeigefinger und Daumen und zog daran, „funktioniert das nicht."

Klar wollte ich auch so einen schicken Anzug und vor allem Gürtel haben wie die anderen. Aber ich wusste, dass ich meine Eltern nicht darum bitten brauchte. Ich würde ihn nicht bekommen. Zwei Wochen ließ ich das Training sausen und hoffte, der Trainer würde die Sache mit dem Anzug vergessen. Aber meine Rechnung ging nicht auf. Als ich in der dritten Woche mit meinem blauen Jogginganzug wiederkam, passte er mich gleich ab und es war vorbei mit dem Judo.

Doch mein Interesse am Kampfsport war unwiderruflich geweckt. Ich hatte das gute Gefühl gekostet, Angriffen nicht wehrlos ausgesetzt zu sein, und wollte mehr davon. Die Vorstellung, den Stänkereien der Großen auf dem Schulhof etwas Handfestes entgegensetzen zu können, war verlockend. Und auch bei den Raufereien mit den Jungs aus meiner Klasse konnten ein paar Tricks und Kniffe nicht schaden.

Auch einige meiner Fußballkumpel begeisterten sich für Kampfsport. Samuel trainierte Taekwondo und Karsten ging zu einem Kung-Fu-Kurs bei uns im Ort. Immer wieder trafen wir drei uns bei der Ruine und trugen unsere kleinen Kämpfe aus. Klar gab es dabei hin und wieder auch ein blaues Auge. Trotzdem liebten wir es, unsere Kräfte zu messen und besser zu werden.

Auch in Büchern fanden wir Tipps. Das Beste waren die mit dünnem Strich gezeichneten Kämpfer, bei denen Pfeile die Griffe, Würfe und Schläge anzeigten. Stundenlang studierte ich die Bilder und versuchte dann, die Bewegungen nachzumachen.

Als ich sieben Jahre später einen Job in der Lederfabrik bei uns im Ort bekam und dort richtig Geld verdiente, hatte ich endlich die Möglichkeit, in Kampfsportkurse zu investieren. Ich begann, Kung-Fu-Unterricht zu nehmen – erst einmal pro Woche, dann zweimal. Bald trainierte ich an drei Tagen in der Woche. Je erfolgreicher ich war, umso größer wurde mein Ehrgeiz, und ich fieberte auf jedes Training hin.

Die klaren Vorgaben des Trainers gefielen mir, und sie umzusetzen, war nicht schwer für mich. Mit jedem Griff, den ich lernte, mit jedem Bewegungsablauf, den ich beherrschte, fühlte ich mich besser. Mit jedem Sparringspartner, von dem ich mich nicht unterkriegen ließ, wuchs mein Selbstvertrauen und das Leben machte mehr Spaß.

Nach einem zweistündigen Training berichtete mir ein Kumpel begeistert, dass Dan Inosanto bald in Speyer einen Kurs geben würde. Ich war sofort Feuer und Flamme und rechnete, ob ich mir die Kursgebühr in diesem Monat noch leisten konnte. Ich hatte viel über Dan Inosanto gelesen. Der US-Amerikaner war einer der wenigen, an die der von mir bewunderte Bruce Lee seine Kampftechnik weitergegeben hatte. Dan Inosanto war zudem einer von nur drei Schülern, denen Lee die Erlaubnis erteilte, andere nach seinem Vorbild zu trainieren. Ich hatte alle Filme von Bruce Lee mehrmals gesehen. Da er starb, bevor ich meinen vierten Geburtstag hatte, waren sie immer ein Blick in die Vergangenheit. Dan Inosantos Training bot die einmalige Gelegenheit, der Legende Lee näher zu kommen. Das durfte ich mir auf keinen Fall entgehen lassen.

Aus Lees Filmen wusste ich, dass er im *Weg der abfangenden Faust,* wie sein Kampfstil *Jeet Kune Do* übersetzt heißt, Elemente ganz unterschiedlicher Kampfstile zusammenbrachte. In den Augen seiner Kritiker kombinierte er fernöstliche Techniken zu unorthodox mit Bewegungen vom Fechten und Boxen. Aber mich faszinierte, wie die Stärken der verschiedenen Stile bei Lee zu einem harmonischen Ganzen verschmolzen. Für mich war er ein Meister der Extraklasse.

An jenem Samstag, für den Dan Inosanto angekündigt war, machte ich mich um sechs Uhr morgens auf den Weg nach Speyer.

In einem Industriegebiet steuerte ich mit meinem gelben Golf L, den ich mir für 750 Mark von den ersten Monatsgehältern aus der Lederfabrik gekauft hatte, einen unscheinbaren zweistöckigen Flachbau an. Dort sollte das Training mit Dan Inosanto stattfinden. Bei einem Blick in die Halle sah ich, dass schon einige Teilnehmer da waren und sich aufwärmten. Mit schnellen Handgriffen zog ich mich in den kalten Umkleiden im Keller um und sprang die Stufen hinauf zur Halle.

Als wir uns am Rand der Matten einer neben dem anderen aufgestellt hatten, betrat Dan Inosanto den Trainingsraum. Ich hatte ihn mir imposanter vorgestellt und war fast ein wenig enttäuscht, als ich ihn sah. Der Mann mit den kurzen schwarzen Haaren und den freundlichen, schmal geschnittenen Augen war gut einen Kopf kleiner als ich. Er wirkte nicht wie ein gefürchteter Kämpfer und weltweit verehrter Lehrer. Er sah eher wie ein angenehmer Nachbar aus, der den Rasen in seinem Garten mit schwäbischer Verlässlichkeit wässert und mäht.

Bevor wir Teilnehmer aktiv werden sollten, gab Dan Inosanto uns eine Einführung. „Ein guter Kämpfer ist wie Wasser", begann er mit unaufgeregter Stimme. „Wasser hat Kraft. Es reißt Bäume mit und kann Häuser zerstören. Wasser ist aber auch flexibel."

Durch die Fenster im Hallendach und an den oberen Enden der Wände sickerte von den Wolken weichgespültes Sonnenlicht und verteilte sich gleichmäßig im Raum. Auch die Deckenstrahler leuchteten auf uns herab, jedoch ohne einen Unterschied auszumachen. Wir saßen jetzt lose verteilt auf Matten, während Dan Inosanto leichtfüßig vor uns auf und ab ging.

„Wasser passt sich an", sagte er weiter. „Gießt du Wasser in eine Tasse, nimmt es die Form der Tasse an. Gießt du es in eine Flasche, wird es zur Flasche." Seine konzentrierte Art gefiel mir. Mit knappen Gesten unterstrich er seine Worte, die nichts Pompöses hatten und von denen doch jedes aufs Wesentliche zielte. Er war alles andere als ein Quacksalber, so viel stand fest. Ich wollte nichts verpassen und war hoch konzentriert. „Auch ein guter Kämpfer ist nicht greifbar und zugleich in der Lage zu zerstören. Es ist wichtig, dass ihr keine starren Bewegungsabläufe trainiert und sie später nur abspult", fuhr er fort. „Ein guter Kämpfer passt sich in jeder Situation an den Gegner an."

Dan hatte einen Sparringspartner dabei, den er jetzt heranwinkte und uns als Richard vorstellte. Er forderte Richard auf, ihn anzugreifen. Bewegung kam in die Teilnehmer auf den grauen Matten. Jeder wollte genau sehen, was nun geschah. Dass Dan Inosanto ein begeisternder Redner war, hatte er bereits bewiesen. Nach dem, was man von ihm gehört hatte, war er ein noch viel besserer Kämpfer. Jetzt würde es also richtig losgehen. Der als Richard Angesprochene schritt auf Dan Inosanto zu und blieb zwei Armlängen von ihm entfernt stehen. Dann gab ihm der Meister das Zeichen zum Angriff. Wieder und wieder musste Richard ihn attackieren, während Dan sieben unterschiedliche Möglichkeiten präsentierte, auf ein und denselben Angriff zu reagieren. Dabei steigerte er sich von der bloßen Abwehr bis hin zur vernichtenden Gegenaktion. Bei der letzten Übung bewahrte allein Dan Inosantos enorme Körperbeherrschung Richard vor ernsthaften Verletzungen. Ein Raunen ging durch die Halle und ich war begeistert, wie schnell und präzise er sich bewegte. Spätestens jetzt war allen Anwesenden klar, warum Dan Inosanto einen so außerordentlichen Ruhm genoss.

Im darauffolgenden Teil fanden wir uns zu zweit zusammen und trainierten selbst spezielle Bewegungsabläufe. Dan Inosanto ging von einem Paar zum anderen, beobachtete und gab Ratschläge. „Vermeide ausladende Bewegungen", sagte er, als er eine Weile neben meinem Partner und mir gestanden hatte. Sobald er nur in unsere Nähe gekommen war, hatte ich vor Aufregung meine gesamte Konzentration mobilisieren müssen, um die Übung sauber zu absolvieren. „Was in einem Film spektakulär aussieht", erklärte Dan, „nützt dir auf der Straße nicht viel. Ein echter Kampf ist viel schneller zu Ende, als jeder Regisseur es sich wünscht." Verschmitzt sah er mich an. Sein Lächeln hatte etwas Gütiges, ganz und gar Ungefährliches. „Wenn es um dein Leben geht, musst du vor allem schnell und effizient sein." Ohne Vorwarnung täuschte er einen Kniestoß in den Unterleib meines Gegenübers an und fügte blitzschnell zwei Haken hinzu. „Das sieht nicht immer schön aus", sagte er grinsend, „aber es funktioniert."

Schneller, härter, Trainer

Das Training mit Dan Inosanto hatte meine Begeisterung fürs Kämpfen noch einmal ganz neu entfacht. Ich war so fasziniert, wie präzise und schnell sich der kleine Mann mit den freundlichen Augen bewegte, dass ich mich am liebsten gleich für den nächsten Kurs bei ihm angemeldet hätte. Ich konnte nur erahnen, wie viel Schmerz und Disziplin es ihn gekostet hatte, so weit zu kommen. Wollte ich nur annähernd so gut sein wie er, musste ich dafür hart arbeiten. Ich war bereit dazu.

Im Gruppentraining merkte ich bald, dass ich meinen Partnern in Sachen Schnelligkeit oft überlegen war. Ich war weit von dem entfernt, was ich bei Dan Inosanto gesehen hatte. Dennoch schienen ein gutes Reaktionsvermögen und blitzschnelle Bewegungen meine Stärken zu sein. Das gefiel mir. Denn so konnte ich auch Gegner besiegen, die eigentlich stärker waren als ich. Noch bevor sie ihre ganze Kraft in den einen vernichtenden Schlag hineinlegen konnten, hatte ich sie schon aufs Kreuz gelegt und stand über ihnen. Betört von Siegerglück nahm ich mir vor, noch schneller zu werden.

Dafür gab es verschiedene Übungen. Bei einer musste ich eine Minute lang mit Zweikilogrammhanteln in die Luft boxen, so schnell ich konnte. *Zwei Kilo sind ein Klacks,* dachte ich, als ich nach den Gewichten griff. Ich stellte mich breitbeinig vor den Spiegel, hob die Hände und begann zu boxen. Es ging ganz leicht. Als kaum die Hälfte der Zeit vergangen war, kündigten sich in meinen Oberarmen leise Schmerzen an. Sie wurden allmählich lauter, verstärkten sich mit jedem Schlag und waren schließlich unüberhörbar schrill. Während die Bewegungen langsamer wurden, beobachtete ich im Spiegel mein verzerrtes Gesicht. Schweißtropfen traten mir auf die Stirn. Verbissen kämpfte ich weiter und presste die Zähne aufeinander. Zischend schoss mein Atem durch sie hindurch. Ich hatte das Gefühl, meine Arme würden jeden Moment abfaulen. Noch bevor die Minute um war, konnte ich die Gewichte nicht mehr auf Schulterhöhe halten, sosehr ich mich auch anstrengte.

Doch das war noch nicht genug. Nachdem ich die Hanteln auf den Boden geworfen hatte, richtete ich mich wieder auf. Jetzt musste ich mit bloßen Fäusten und maximaler Geschwindigkeit weiterboxen. Von Woche zu Woche steigerte ich mich. Von Monat zu Monat wurde ich besser. Erst schaffte ich das Hantelboxen souverän. Schließlich entkrampfte sich sogar mein bis dahin schmerzentstelltes Gesicht.

Nach einem halben Jahr hatte ich endlich mein Ziel erreicht: Ich konnte eine Kerze ausboxen. Dabei ließ ich meine geballte Faust blitzschnell nach vorn schnellen und stoppte sie unmittelbar vor der Flamme. Lief alles perfekt, entstand dabei ein so großer Luftdruck, dass anschließend anstelle der Flamme weißer Dampf von dem Docht aufstieg. Ich hatte von diesem Trick gehört und ihn an meinem Küchentisch so oft geübt, bis ich ihn sicher beherrschte. Keiner meiner Kumpel konnte ihn nachmachen. Umso lieber ließ ich mich bitten, ihn zu präsentieren, und registrierte mit Genugtuung die bewundernden Blicke der Umstehenden.

Endlich bekam ich die Anerkennung, nach der ich mich schon lange gesehnt hatte. Dabei war die Rechnung so einfach wie klar: Der Stärkere siegt. Wer König sein will, muss hart trainieren. Und ich wollte. Also trainierte ich. Jeden Tag. Und ohne Rücksicht auf mich selbst. Im Gegensatz zu den Launen meines Vaters war der Kampfsport herrlich berechenbar. Ich lernte seine Gesetze und machte sie mir zunutze. Endlich hatte ich die Dinge selbst in der Hand und war nicht länger der abgewetzte Spielball meines eigenen Lebens.

Mit Anfang zwanzig verbrachte ich fast jede freie Minute mit Kampfsport. Sooft ich irgend konnte, ging ich zum Kung-Fu. Hatte ich am Abend kein offizielles Training, traf ich mich nach der Arbeit mit jedem, der bereit war, seine Kräfte mit meinen zu messen. Am Wochenende nahm ich, wenn irgend möglich, Privatstunden. Ich war gierig danach, besser zu werden. Besser als alle meine Sparringspartner. Je schwerer es war, mich zu besiegen, umso reiner und klarer wurde das betörende Gefühl, dass mir keiner etwas anhaben konnte. Ich wollte in jeder Situation die richtige „Antwort" parat haben. Dann konnte mir niemand mehr vorschreiben, was ich zu tun oder zu lassen hatte. Für diese Freiheit war ich bereit, alles zu geben. Ich kämpfte gegen Holzpuppen, bis ich die zerschlagenen Hände und Arme kaum noch bewegen konnte. Zur Stärkung meiner Knochen schlug ich über Wochen mit einem daumendicken Bambusstab auf meine Schienbeine ein. Am Ende waren sie von Blutergüssen schwarz und ich betäubte die quälenden Schmerzen mit einem Handtuch, das ich zuvor nass ins Gefrierfach gelegt hatte.

Kampfsport war mein Leben. Alles andere ordnete sich ein. Auch Manuela, die ich inzwischen gegen den Willen meines Vaters geheiratet hatte. Neben der Arbeit und den vielen Stunden in der Sporthalle blieb für uns zwei nicht viel Zeit. Klar ging ich mit Manuela ins Kino oder führte sie in eines der kleinen Restaurants bei uns im Ort aus. Aber wenn ich die Wahl hatte, entschied ich mich immer für meinen Sport. Die Arbeit in der Lederfabrik war für mich weder spannend noch schlimm. Sie war der notwendige Broterwerb und ich machte meinen Job zuverlässig und gut. Wirklich glücklich war ich aber erst, wenn ich die gummierten Schutzhandschuhe und die klobigen Gummistiefel gegen meine ausgebeulten Trainingsklamotten getauscht hatte. Mehr als einmal träumte ich davon, mein Geld mit Kampfsport zu verdienen, während ich die schweren Tierhäute in die Beizebottiche tauchte.

Inzwischen war ich so gut geworden, dass sich Trainingspartner bei mir immer wieder nach bestimmten Kampftechniken erkundigten oder ich einen speziellen Schlag vorführen sollte. Wenn ich meinen durchtrainierten Kumpels etwas beibringen konnte, könnte ich dann nicht erst recht ein paar blutige Anfänger unterrichten?

Die Idee, meine Leidenschaft tatsächlich zum Beruf zu machen, weckte neue Kräfte in mir. Viel brauchte es nicht, damit dieser Traum wahr werden konnte: eine Trainerlizenz, einen Trainingsraum und ein paar Leute, die von mir lernen wollten. Ich staunte, wie schnell ich alles beisammen hatte. Mit einer Mischung aus Lampenfieber und Platzhirschstolz schlüpfte ich mit 23 Jahren zum ersten Mal in die Rolle des Lehrers. Bevor es losging, stand ich ordentlich unter Strom. Aber kaum hatte ich meine Schüler begrüßt, war meine Aufregung verflogen. Ohne zu zögern, reihte ich eine Übung an die andere und wusste immer, was zu tun war. Schon nach den ersten Minuten schwitzten und keuchten meine Schützlinge. Mit offenen Mündern sahen sie mich aus großen Augen an und versuchten meine Bewegungen zu kopieren. Hatte ich anfangs etwa auch so tollpatschig ausgesehen?

Wir trafen uns jeden Freitag im *Grünen Baum*. Die hinkende Wirtin überließ uns den ungenutzten Kneipensaal für ein paar Mark. Das war eine gute und vor allem preiswerte Lösung. Der einzige Nachteil bestand darin, dass ich nach jedem Unterricht die zuvor auf dem Fließenboden ausgebreitete Auslegeware einrollen und Tische und Stühle an ihre angestammten Plätze zurückstellen musste.

Beides hatte ich erledigt, als eines Abends ein Mann zur Tür hereinkam. Er war etwa vierzig Jahre alt und trug eine grobgliedrige Goldkette um den fleischigen Hals. Während sein derbes Lachen durch den Saal schepperte, blitzten in seinem breiten Kiefer zwei goldene Backenzähne. Mit ausgestreckter Hand stellte er sich als Edgar Heppberger vor, Besitzer und Betreiber der Diskothek *Tanzpalast* zwei Orte weiter. Wir waren uns bisher nicht begegnet, aber seinen Namen hatte ich schon öfter gehört. Er habe an der Theke erfahren, dass ich seit Kurzem hier trainiere. Das interessiere ihn, sagte er und lachte wieder. Obwohl er nicht aussah, als ob er selbst Sport trieb, hörte er aufmerksam zu, während ich ihm ausführlich von meinem Training erzählte. Es kam nicht alle Tage vor, dass sich ein Geschäftsmann dafür interessierte, was ich tat.

„Ich hab eine Idee", sagte Edgar Heppberger schließlich. „Du und deine Jungs, ihr könntet bei mir im *Tanzpalast* eine Vorführung geben! Ich glaube, den Leuten würde das gefallen."

Auch mir gefiel sein Vorschlag. Ich stellte mir vor, wie es wäre, in einer voll besetzten Disco auf der Bühne zu stehen. Wie die Leute zu uns hinaufschauten und begeistert applaudierten. *Ich könnte den Kerzentrick vorführen,* überlegte ich. Und wer weiß, vielleicht gab es im Publikum ein paar Leute, die künftig bei mir trainieren wollten. Dann wäre das Ganze auch noch Werbung für mich, die obendrein bezahlt wurde.

Sechs Wochen später fuhr ich mit meinen fünf besten Schülern zum *Tanzpalast.* „Der Laden ist gut voll", begrüßte uns Edgar am Seiteneingang. Er grinste breit und winkte uns mit ausladender Geste heran. Wir folgten ihm in einen schmalen, schwach beleuchteten Gang. Die Musik war hier leiser als auf dem Parkplatz. Der gleichmäßige Rhythmus der Bässe dröhnte über uns wie der Herzschlag eines gigantischen Tieres. „Da wären wir." Edgar schwang die Tür zu einem fünf mal fünf Meter großen, fensterlosen Raum auf und wir stellten unsere Sporttaschen ab. Als er gegangen war, begannen wir, uns unter den drei nackten Neonröhren an der Decke warm zu machen.

Einigermaßen aufgeregt betraten wir die Bühne, auf der Edgar uns mit einem Mikro in der Hand angekündigt hatte. Die hellen Scheinwerfer machten es unmöglich, im Publikum Gesichter zu erkennen. Aber wir konzentrierten uns ohnehin nur auf uns und unseren Auftritt und nahmen die schon reichlich verbrauchte Luft im *Tanzpalast* kaum wahr.

Zuerst zeigten wir den Leuten typische Kung-Fu-Bewegungsabläufe. Synchron kickten meine Jungs das rechte Bein in die Luft, verharrten kurz und ließen eine schnelle Drehung folgen, während ich am Mikro erklärte, worauf es ankam. Wir hatten lange für diese Vorstellung trainiert. Jetzt musste jeder extrem aufpassen, die Balance zu halten und unsere Choreografie nicht zu verpatzen. Es lief alles wie am Schnürchen.

Dann sollte sich Ralf allein bewähren. Er war im Training der Beste und durfte heute zeigen, wie er sich gleichzeitig gegen drei Angreifer zur Wehr setzte. Gleich danach parierte Raul, ebenfalls ein starker Kämpfer, mehrere Messerattacken mit bloßen Händen. Ein paar Mädchen quiekten, als er forsch auf seinen Angreifer zuging. Die Messer waren natürlich nur Hartgummiattrappen, aber für das Publikum sahen sie täuschend echt aus.

Der Höhepunkt unserer Show war ich selbst. Mit verbundenen Augen wollte ich gegen eine beliebige Person aus dem Publikum kämpfen und versprach sie blind aufs Kreuz zu legen. Als ich die Nummer ankündigte, wurde es ganz still im Saal. Meine Bedingungen waren: ein Kampf eins gegen eins. Keine Waffen. Keine Schläge und Tritte. Sieger sollte sein, wer den anderen zur Aufgabe zwang.

Ich zog ein schwarzes Tuch aus der Tasche meiner Kung-Fu-Hose und verband mir die Augen. Den Knoten band ich so fest, dass mir das Tuch auf die Augen drückte. Keiner sollte mir nachsagen, dass ich betrogen hatte. Gerade blendeten mich noch die Scheinwerfer. Jetzt war es finster um mich wie in einer mondlosen Nacht im Wald.

Ich tastete nach dem Mikro und rief hinein: „Ich bin bereit. Wer kommt und kämpft mit mir?"

Im Saal wurde es unruhig. Im Hintergrund wurden Namen gerufen. Hier und da gab es Gelächter. Dann war aus der rechten Ecke verhaltener Applaus zu hören, der sich allmählich steigerte, bis alle im Saal rhythmisch klatschten.

Ich drehte mich in Richtung der fünf Holzstufen, die zur Bühne heraufführten, streckte meine rechte Hand aus und wartete. Um meine Wahrnehmung zu trainieren, hatte ich schon öfter mit verbundenen Augen gekämpft. Heute war es das erste Mal, dass mein Gegner ein Unbekannter war und mehrere Hundert Leute dabei zusahen.

Auf einen Schlag wurde es im Saal wieder still. Ich hörte Schritte auf mich zukommen. Die Hitze der Scheinwerfer trieb mir kleine Schweißtropfen auf die Stirn. Eine Hand fasste nach meiner. Es war ein fester, kräftiger Griff. Sofort war mir klar, dass ich es mit einem starken Gegner zu tun hatte. Die Art, wie er mir die Hand reichte, verriet außerdem, dass er sehr wahrscheinlich größer war als ich. Doch das machte mir keine Angst. Ob er sich aufs Kämpfen verstand, würde er erst noch beweisen müssen.

„Hi", begrüßte ich ihn lässig. Er sollte meine konzentrierte Anspannung nicht spüren. Dass er alles sah und ich nichts, beunruhigte mich nicht. Aber für mich stand eine Menge auf dem Spiel. Wenn ich in den nächsten Sekunden patzte, floppte nicht nur der Höhepunkt der Show. Es wäre für mich obendrein ein herber Gesichtsverlust vor dem Publikum und meinen eigenen Schülern, der sich in der Szene wie ein Lauffeuer verbreiten und das zarte Pflänzchen meiner eigenen Sportschule vernichten würde.

Ich atmete tief ein, stemmte meine Beine schulterbreit in den Boden und hob langsam meine Hände, bis sie an angewinkelten Armen auf Schulterhöhe vor mir schwebten. Ich bat den Unbekannten, dasselbe zu tun und sich mir gegenüber so hinzustellen, dass sich unsere Handgelenke berührten. Für das gespannt wartende Publikum sahen unsere Arme jetzt aus wie gekreuzte Schwerter.

Mein Gegner verstand sofort, was ich von ihm wollte. Die Art, wie er seine Handgelenke an meine legte, verriet, dass das hier nicht sein erster Kampf sein würde. Die kontrollierte Spannung seiner Arme deutete auf einen trainierten Körper. Ich musste extrem schnell sein, wenn ich ihn besiegen wollte. Ich atmete ruhig ein und aus. Meine Schultern strafften sich.

„Es geht los", sagte ich. Ich war ganz und gar darauf konzentriert, seine erste Bewegung aus den zwei Punkten zu lesen, an denen wir uns berührten. Für mich gab es weder Publikum noch Bühne. Meine gesamte Aufmerksamkeit war auf die einzige Informationsquelle fokussiert, die ich hatte: meine Handgelenke, die an seinen lagen. Hier spürte ich, wo er den Druck verstärkte oder sich von mir lösen wollte. Hier konnte ich erahnen, was er als Nächstes tun würde.

Dann ging alles ganz schnell. Nach weniger als drei Sekunden hatte ich ihn am Boden fixiert. Befreit und glücklich riss ich mir die Augenbinde vom Kopf.

Dann erschrak ich. Vor mir lag der einige Jahre ältere Kung-Fu-Lehrer aus dem Nachbarort. Meine Hände zitterten leise. Mit einem Vollprofi hatte ich nicht gerechnet. Hätte ich geahnt, mit wem ich es hier zu tun hatte, hätte ich vermutlich nicht so souverän gesiegt. Umso erleichterter war ich jetzt.

Der Saal tobte. Meine Jungs klatschten begeistert und strahlten über das ganze Gesicht, wie ich selbst. Längst standen wir beide wieder auf den Füßen und hatten uns voreinander verbeugt. Doch die Leute pfiffen und applaudierten weiter, als hätte ich eben mit bloßen Händen einen Löwen zur Strecke gebracht. Schließlich brachte Edgar sie zur Ruhe.

Als ich nach der Show in seinem kleinen Büro stand, klopfte er mir immer wieder auf die Schulter. Während er die Gage auf den Tisch zählte, hielt er plötzlich inne. „Jetzt mal was anderes", sagte er und sah mich an, als wollte er ein Geheimnis mit mir teilen. „Wir haben hier öfter Stress mit ein paar Leuten. Könntest du dir vorstellen, bei uns zu arbeiten?" Dabei grinste er wieder so breit, dass seine Goldzähne blitzten.

Wow, damit hatte ich nicht gerechnet. Für mich war es schon etwas Besonderes, dass Edgar uns fürs Unterhaltungsprogramm gebucht hatte. Aber jetzt bot er mir an, in seiner Diskothek für Ruhe und Ordnung zu sorgen. Das war keine Show. Das war echt. Und es war schon wieder eine Möglichkeit, mit meinem Können als Kämpfer Geld zu verdienen!

Doch viel mehr als die Kohle bedeutete mir das Vertrauen, das in Edgars Frage lag. Edgar Heppberger war schließlich nicht irgendwer. Er war in der Gegend als erfolgreicher Geschäftsmann bekannt und mit so ziemlich allen Wassern gewaschen. Dass er bereit war, die Sicherheit seiner Diskothek in meine Hände zu legen, war für mich der Ritterschlag. Mit stolzgeschwellter Brust verließ ich Edgars dunkles Büro. Die Zukunft gehörte mir!

Als ich weit nach Mitternacht nach Hause kam, lag Manuela längst im Bett und schlief. Aber diese Wahnsinnsnachricht konnte ich nicht für mich behalten. „Hey, Schatz", flüsterte ich aufgeregt und rüttelte sanft an ihrer Schulter. „Schatz! Ich habe einen neuen Job. Ich bin jetzt Türsteher." Manuela drehte sich langsam herum und sah mich aus halb geöffneten Augen schlaftrunken an. „Ich arbeite bald als Türsteher", wiederholte ich. „Security! Verstehst du?"

Langsam schien sich der Nebel zu lichten. „Ist das denn nicht gefährlich?", fragte sie.

Am nächsten Morgen erzählte ich ihr alles von unserer beeindruckenden Show. Kein Detail ließ ich aus und kam schließlich zu Edgars unglaublichem Angebot. Ich war so euphorisch, dass ich kaum merkte, wie wenig begeistert Manuela war. „Wird das nicht ein bisschen viel?", fragte sie mit ernstem Gesicht. „Du gehst arbeiten. Du trainierst. Du gibst Unterricht. Und jetzt willst du dir auch noch die Nächte um die Ohren schlagen?"

Es war nicht zu fassen. Wie konnte sie so etwas sagen? Offensichtlich begriff sie überhaupt nicht, dass das das Angebot meines Lebens war! Oder wollte sie es nicht verstehen? Ich hätte den Job auch ohne Bezahlung gemacht. Hier ging es um den Posten als Türsteher. Der kleine Michael Stahl wird Türsteher! Er gibt künftig im *Tanzpalast* den Ton an, zumindest am Eingang. Ich hätte springen können vor Freude oder stundenlang auf meinen Boxsack eindreschen. Dass sie nicht begriff, wie wichtig dieser Job für mich war, machte mich wütend und traurig zugleich. Ihr das offen zu sagen, ging nicht. Es würde alles nur noch komplizierter machen. Ich musste mir etwas anderes einfallen lassen. „Überleg doch mal", erklärte ich, so ruhig ich konnte, „dann bring ich noch mal ordentlich Geld nach Hause."

„Ja", sagte sie langsam und sah vor sich hin. „Das können wir ganz gut gebrauchen."

Ich war froh, ein überzeugendes Argument gefunden zu haben. Aber da war noch etwas anderes. In Manuelas Stimme schwang zuletzt etwas Unbestimmtes mit. „Alles in Ordnung?", fragte ich.

„Ja, ja", antwortete sie abwesend. Dann sah sie mich wieder an und lächelte geheimnisvoll. Zärtlich griff sie nach meiner Hand. „Eigentlich wollte ich es dir später sagen. Wir sind bald zu dritt."

An der Tür

Der Job als Türsteher war wie eine Droge für mich. Wenn ich das graue T-Shirt mit dem tiefroten Aufdruck SECURITY überstreifte, war ich ein anderer Mensch. Betrachtete ich mein Spiegelbild, strafften sich *Latissimus Dorsi* und *Deltamuskel* unter diesem Schriftzug wie von selbst.

Doch seine volle Wirkung entfaltete das SECURITY-Shirt erst im *Tanzpalast*. Hier adelte es mich als Boss. Ich entschied, wer hereinkam und wer nicht. Ich sorgte dafür, dass ohne Diskussion herausflog, wer sich nicht an die Regeln hielt. Ich brachte die Streithähne auseinander, wenn einer Stress machte, weil ein Kerl seine Freundin zu lange angeguckt hatte. Wenn ich mich mit breiter Brust durch die Menge zum Ort des Geschehens schob, registrierte ich die respektvollen Blicke der Männer mit Genugtuung und badete in den Augenaufschlägen der Mädchen. Ich fühlte mich wie ein Filmstar auf dem Weg zur Preisverleihung. Wenn ich dann dem Provokateur mit schnellem Griff den Arm auf den Rücken drehte, sodass er mit schmerzverzerrtem Gesicht vor mir her nach draußen stolperte, während seine Stirn einen Meter über dem Boden schwebte, war mir die ungeteilte Aufmerksamkeit der Leute erst recht sicher. Es war jedes Mal eine kleine Show und ich der gefeierte Star.

Zweimal pro Woche schob ich im *Tanzpalast* Dienst. Wenn Edgar mich öfter brauchte, konnte es auch sein, dass ich dort Mittwoch, Freitag, Samstag und Sonntag an der Tür stand. Meist kam ich nicht vor zwei oder drei Uhr in der Nacht nach Hause.

Bis zur Arbeit blieben dann nur wenige Stunden. Tanzten die Leute bis in den grauen Morgen, fuhr ich direkt von der Diskothek zur Lederfabrik. Dort konnte ich wenigstens warm duschen, bevor ich um fünf Uhr mit vor Müdigkeit brennenden Augen die Frühschicht antrat.

Außerdem waren aus meiner Kung-Fu-Klasse inzwischen zwei geworden. Ich gab also an zwei Nachmittagen pro Woche Unterricht im *Grünen Baum*. Jedes Mal räumte ich den Saal erst aus und nach dem Training wieder ein. Eigentlich war das Wahnsinn. Mir blieb kaum Zeit für mich, geschweige denn für meine von Woche zu Woche gereiztere Frau Manuela. „Wann hast du eigentlich mal Zeit für mich?" Diesen Satz hörte ich immer öfter. Wenigstens verlief ihre Schwangerschaft bilderbuchmäßig, wie der Arzt sagte. Und ich tröstete mich mit dem Gedanken, dass ich das alles auch für sie tat und für unsere wachsende Familie. Ich hatte mir nichts vorzuwerfen.

Vor allem an den Wochenenden war der *Tanzpalast* zum Bersten gefüllt. Die feierwütigen Leute kamen aus allen Dörfern der Gegend. Je mehr es waren und je später der Abend, umso stickiger wurde die Luft im Saal. Dann war ich froh, dass ich an der Tür stand und frische Luft zum Atmen hatte. Um abzuschätzen, wie groß das Gedränge auf der Tanzfläche war, musste ich nicht einmal hineingehen. Ich wusste es, wenn ich meinen Blick über die Parkfläche vor der Diskothek schweifen ließ.

An einem Samstag im August war bei uns absolut kein Parkplatz mehr zu bekommen. Die Autos blockierten schon die Durchfahrten und standen auf der Wiese des Nachbargrundstücks. Es war etwa 23 Uhr, als sich ein Reisebus langsam seinen Weg durch die dicht an dicht stehenden Wagen bahnte. Das Licht seiner Schweinwerfer schob sich tastend über den dunklen Asphalt. Zu meiner Überraschung gelang es dem Fahrer tatsächlich, unmittelbar vor dem Eingang zu halten. Durch die dunklen Scheiben erkannte ich, dass der Bus voll besetzt war.

Zuerst öffnete sich die hintere Tür. Scheppernd fielen leere Bierdosen auf den geteerten Boden und ich hörte das heisere Grölen angetrunkener Fußballfans. Mir war sofort klar, dass ich jetzt ein Problem hatte. Würde ich die alkoholisierte Meute hereinlassen, gab es innerhalb weniger Minuten die erste Schlägerei. Verweigerte ich ihnen den Zutritt, war ich einer erdrückenden Überzahl angriffslustiger Kerle ausgesetzt. Je mehr Fans ausstiegen, umso lauter wurde das Stimmengewirr. Das hier war etwas anderes als das Training auf der Matte. Das war eine reale Herausforderung. Wollte ich eine Katastrophe verhindern, durfte ich eigentlich keinen Einzigen von ihnen hereinlassen.

Der Puls hämmerte in meiner Schläfe, während die Traube vor dem Bus immer weiter wuchs. Gegen vierzig betrunkene Fußballfans hatte ich keine Chance. Das war klar. Sie konnten mich einfach überrennen. Und dann würde es mir gehen wie den unzähligen Bierdosen, die inzwischen platt wie Briefmarken auf dem Asphalt herumlagen. Einige der Kerle hatten die Schals ihres Klubs ums Handgelenk gebunden und schwenkten sie wild durch die Luft. Andere verwünschten lautstark die verfeindete Mannschaft und grölten unverständliches Zeug. Schon nahmen die Ersten Kurs auf den *Tanzpalast,* wo ich stand und fieberhaft überlegte, was ich tun konnte.

Da kam mir mit einem Mal eine Idee. Der Eingang zur Disco hatte eine äußere Tür, an die ich mich normalerweise stellte, einen Vorraum und eine innere Tür. Schnell trat ich hinein und machte mich im Rahmen der zweiten, schmaleren Tür breit. Es blieb nur ein enger Spalt und die vierzig mussten im Gänsemarsch an mir vorüber. Ich grüßte sie freundlich und sah jedem Einzelnen von ihnen in die Augen.

Der größte Teil der Truppe war schon im *Tanzpalast* verschwunden, als fünf Nachzügler in den Vorraum drängten. Einen davon musste ich mir herausgreifen, damit mein Plan aufgehen konnte. Sonst war es womöglich zu spät. Der Erste von ihnen war ein untersetzter Kerl, den ich auf Ende zwanzig schätzte. Er war etwa so groß wie ich, hatte ein rundes Gesicht und kurz geschnittene Haare. Sein weißes T-Shirt umspannte kräftige Schultern und einen markanten Bizeps. Der Mann war nicht von Pappe.

„Sorry, du kommst hier nicht rein!", sagte ich mit klarer Stimme und stellte mich ihm in den Weg. Er sah mich an, als hätte ich ihm eben verkündet, dass hier nur Wasser ausgeschenkt wird und Männer nur in Begleitung ihrer Ehefrauen hereinkommen.

Der Kurzhaarige erstarrte, fing sich aber schnell wieder. „He, Kumpel", sagte er lässig, „bleib mal locker. Wenn die anderen hier reinkommen, komm ich erst recht rein." Er stand nun keine vierzig Zentimeter von mir entfernt. Bierdunst umwehte mich mit jedem seiner Worte. Zumindest das war ein Vorteil für mich, registrierte ich, denn ich war komplett nüchtern. Seine Kumpels rückten auf.

„Die anderen interessieren jetzt nicht." Ich sah ihm fest in die Augen. „*Du* kommst hier nicht rein."

„Was'n los, Jochen, gibt's Stress?", fragte ein hoch Aufgeschossener mit blonder Locke über der Stirn und weit ausrasierten Schläfen. Er sah ungefährlich aus, aber mich machte nervös, dass der Kerl direkt vor mir schon die ganze Zeit seine rechte Hand hinter seinem Rücken versteckte. Zu gern hätte ich gewusst, ob er nur ein Bier an mir vorbeischmuggeln wollte oder dort etwas verbarg, das mir ernsthaft gefährlich werden konnte. Wenn ich unverletzt bleiben und die Kontrolle über die Situation behalten wollte, durfte ich mir jetzt keinen Fehler erlauben.

„Was weiß ich", antwortete der als Jochen Angesprochene. „Der Security-Futzi steht hier blöd im Weg rum." Und zu mir gewandt: „Pass mal auf, Freundchen. Entweder du lässt uns rein oder es wird hier gleich ungemütlich für dich."

Tatsächlich kam jetzt Bewegung in den Haufen. „Die anderen können gern rein. Du nicht." Mein Mund war verräterisch trocken, aber ich bekam den Satz ruhig und bestimmt über die Lippen. Ich ging einen halben Schritt zur Seite, sodass zwischen mir und dem Türrahmen ein schmaler Gang frei wurde, ich aber immer noch direkt vor Jochen stand.

Offensichtlich war er nicht gewohnt, dass andere bekamen, was ihm verweigert wurde. „Dich mach ich platt!", rief er mit rotem Kopf und ging auf mich los.

Blitzschnell hob ich mein Knie. Während Jochen sich stöhnend krümmte, hatte ich ihm den Arm schon bis kurz über Anschlag auf den Rücken gedreht und seinen Kopf fest im Griff. „Und jetzt raus hier!", schrie ich. Mein Puls raste. Ich trieb Jochen vor mir her. Er ließ es widerstandslos geschehen und stand kurz darauf schwer atmend an der frischen Luft.

Noch hatte ich nicht gewonnen. Doch das musste ich um jeden Preis. Ich hatte schließlich einen Ruf zu verlieren. Wenn nicht gar meinen Job als Türsteher. Entschlossen ging ich in den Vorraum zurück. Die anderen Jungs guckten verdutzt und tänzelten unsicher von einem Bein aufs andere. „Wenn hier einer Ärger macht", brüllte ich, „dem geht's genauso." Darauf hatten sie offensichtlich keine Lust. Auch die Kumpels auf der Tanzfläche hatten inzwischen davon Wind bekommen. Zwanzig Minuten später rollte der Reisebus mit allen vierzig Mann vom Platz. Mein Plan war aufgegangen. Ich hatte gesiegt.

Bier auf dem Boden

Das ständige Räumen vor und nach den Trainingsstunden wurde mir immer lästiger. Jedes Mal wenn ich die große Rolle graue Auslegeware durch den *Grünen Baum* wuchtete, wünschte ich mir einen Sportraum, wo ich Matten und Geräte einfach stehen lassen konnte. Als ich den Tipp bekam, dass auf der Bahnhofsstraße ein altes Fitnessstudio leer stand, zögerte ich nicht lange. Ich sah es mir an und schmiedete sofort Pläne für eine eigene Sportschule. Ich fragte ein paar Freunde, die hohe Kickboxing-Titel und ordentlich was auf dem Kasten hatten, ob sie in das Projekt einsteigen wollten. Doch nach anfänglicher Begeisterung sprang einer nach dem anderen wieder ab und für mich brach eine kleine Welt zusammen. In meinen Tagträumen hatte ich meinen Namen schon am Giebel des weißen Hauses gesehen. Sollte daraus etwa nichts werden? In meiner Not fragte ich schließlich Ralf. Er war zwar mein Schüler und mit seinen 20 Lenzen noch vier Jahre jünger als ich, aber absolut talentiert. Nach einer Woche Bedenkzeit sagte er zu und wir stürzten uns gemeinsam in das Abenteuer. Wir nahmen einen Kredit über 20 000 Mark auf und richteten die abgewirtschafteten Räume fürs Training her.

Die Eröffnung war ein rauschendes Fest. Unsere Gratulanten staunten nicht schlecht, was wir in nur vier Wochen auf die Beine gestellt hatten. Auch mein Vater guckte kurz vorbei, wollte sich aber von mir nichts zeigen lassen. Mit versteinerter Miene und auf dem Rücken verschränkten Händen inspizierte er allein den

Trainingsraum im ersten Stock und im Erdgeschoss den Klubraum. „Das wird doch eh nichts", winkte er schließlich ab. Ich wollte mir von ihm nicht die Laune verderben lassen und ging zu anderen Gästen. „Erzähl noch mal die Geschichte mit den zehn Bockwürsten", rief ein Kumpel zu mir herüber und grinste, als ich auf die Dreiergruppe zusteuerte, die mit Bierflaschen in der Hand neben dem Eingang stand.

Ich lachte und sah zu Manuela hinüber. Sie saß in der hinteren Ecke des Bistros und hatte ihr T-Shirt nach oben gerafft. Die Falten des Stoffes verdeckten zur Hälfte Manuels zierliches Gesicht. Ich sah ihr gern beim Stillen zu. Der Tag, als die Wehen dieses kleine Kerlchen ankündigten, war schrecklich heiß gewesen. 35 Grad zeigte das Thermometer im Schatten und im Kreißsaal war es kaum kühler. Während Manuela sich von immer kürzeren Wehenpausen unterbrochen so fest an ihren Stuhl klammerte, dass ihre Fingerkuppen weiß wurden, musste ich immer wieder hinaus. Die Spannung war unerträglich. Ich sorgte mich um unser Kind. War es gesund? Würde es unbeschadet zur Welt kommen? War es normal, dass Manuela derart laut schrie? Ihr schmerzverzerrtes Gesicht stand mir vor Augen, während ich draußen im Gang auf und ab ging und ihre Klagerufe hörte.

Am Ende ging alles ganz schnell. Auf einmal war er da, der kleine Mann. Er sah aus, als hätte er zuletzt im Schlamm gespielt, und obwohl alles an ihm winzig war, beglückwünschte uns die Hebamme zu unserem Riesenbaby. In mir zersprang etwas und Stolz flutete meinen Körper. Ich war vollkommen davon erfüllt. Doch kurz darauf machte sich noch ein anderes Gefühl bemerkbar: Ich hatte Kohldampf. Bei all der Aufregung hatte ich komplett vergessen zu essen. Geschafft und glücklich schlenderte ich auf den nahe gelegenen Jahrmarkt und verdrückte kurz hintereinander zehn Bockwürste und eine deftige Portion Obatzten.

Mit der Sportschule war heute mein zweites Baby zur Welt gekommen. Und wieder war ich erleichtert und stolz. *Jetzt hast du es geschafft,* dachte ich, als ich nach der Feier erschöpft im Bett lag. Doch schon nach wenigen Wochen schlichen sich die ersten Probleme an. Es kamen weit weniger Leute zum Unterricht als gedacht und ich hatte deutlich geringere Einnahmen als erhofft. Meine Rechnung ging nicht auf. Die 800 Mark Monatsmiete musste ich trotzdem pünktlich zahlen, genau wie die Kreditrate. Obwohl ich pro Woche 40 Stunden in der Lederfabrik schuftete und nachts im *Tanzpalast* an der Tür stand, reichte das Geld nicht, um die hohen Schulden zu begleichen.

Etwas musste passieren. Und zwar schnell.

Ich lud Ferdinand Mack ein. Der drahtige, freundliche Mann mit den graublauen Augen war mehrfacher Welt- und Europameister im Kickboxen. Ich spekulierte darauf, dass etwas von seinem Glanz auf meine Sportschule abfiel und nach einem Seminar mit ihm mehr Leute Lust bekommen würden, dauerhaft bei mir zu trainieren.

Als ich mit Ferdinand den schmalen Weg zur Sportschule ging, hatte ich auf einmal das Gefühl, das kleine zweistöckige Haus mit dem weißen Giebel sei zu klein für ihn. Er war weltbekannt und meine Sportschule nur ein unscheinbares Hinterhaus in der schwäbischen Provinz. Doch für ihn schien das kein Problem zu sein. Wir verstanden uns auf Anhieb blendend und fachsimpelten ausgiebig übers Kickboxen. Er erzählte von seinen Kämpfen um den Weltmeistertitel und ich gab Türsteher-Episoden zum Besten. Als ich ihm die Geschichte von Jochen und den vierzig betrunkenen Fußballfans erzählte, lachten wir herzlich. „Du", unterbrach er mich, „ich kenne da ein paar Leute, die Großveranstaltungen absichern und als Personenschützer für Promis arbeiten." Er sah mich vielsagend an. „Ist das nicht vielleicht attraktiver, als sich in der Dorfdisco mit Betrunkenen zu prügeln?" Er lächelte verschmitzt und ich lächelte zurück. Insgeheim fragte ich mich, ob er das tatsächlich ernst meinte. Erst als er mir die kleine Karte mit der Telefonnummer herüberreichte, glaubte ich, dass er mir das wirklich zutraute. Nur zwei Wochen später präsentierte ich mich bei einem großen deutschen Sicherheitsdienst.

Die Leute fanden mich gut, wollten mich und boten mir einen Vertrag an. So wurde aus der Rettungsaktion für die Sportschule ein unerwarteter Karriereschritt. Sozusagen über Nacht war ich Bodyguard geworden. Ich tauschte den Eingang zur Dorfdisco gegen die Limousinen der Stars. Und anstelle der Tanzfläche im *Tanzpalast* sicherte ich Konzerte und Boxkämpfe mit Tausenden von Besuchern ab. Die Tür in eine andere Welt hatte sich aufgetan. Eine Welt, in der die Sonne nie unterging und die Flutlichter permanent strahlten. Eine Welt, die nie zur Ruhe kam, weil ein Highlight das nächste jagte. Hätte ich nicht weiter in der Sportschule Unterricht gegeben, ich hätte leicht vergessen können, woher ich ursprünglich kam.

Als ich ein Jahr dabei war, erhielt ich den Auftrag, Achim zu begleiten. Achim war ein Star. Jeder, der einen Fernseher besaß oder ab und an ins Kino ging, kannte sein wohl proportioniertes Gesicht. Wo auch immer wir auftauchten, blieben die Leute stehen, drehten sich nach uns um und zeigten mit dem Finger auf uns.

Wir waren seit zwei Tagen unterwegs, hatten viele Hundert Autobahnkilometer zurückgelegt und an unterschiedlichen Hotels und Studios gehalten, wo er Interviews zu seinem neuesten Filmprojekt gegeben hatte. Ich war die ganze Zeit an seiner Seite gewesen. Auf der Rückbank im Auto saß ich neben ihm. Wenn wir anhielten, stieg ich als Erster aus und öffnete ihm die Tür. Egal wohin er ging, ich lief unmittelbar neben ihm und ließ ihn nur allein, wenn er es ausdrücklich wünschte oder zur Toilette musste. Dann stand ich unweit der Tür, hinter der er verschwunden war, und wartete, bis er wieder herauskam. Wollte ich selbst zur Toilette, musste ich warten, bis wir uns in abgeschlossenen Räumen aufhielten. Permanent präsent sein zu müssen, zehrte an meinen Kräften, aber dafür wurde ich schließlich bezahlt.

Am Abend unseres letzten Tages saßen wir wieder in einem dieser überdimensionierten Hotelzimmer und sahen gemeinsam fern. Auf der Mattscheibe kam gerade eine schöne Schießerei in Gang, als Achim aufstand und zur Minibar ging. Er öffnete den in die kirschbaumholzvertäfelte Wand eingelassenen Kühlschrank und goss sich einen Martini ein. Nach dem ersten trank er noch einen zweiten und starrte dann sekundenlang in sein leeres Cocktailglas. „Wir gehen noch mal nach unten", entschied er schließlich.

Mir wäre deutlich lieber gewesen, wir hätten den ohnehin langen Tag ruhig ausklingen lassen. Und dafür schien mir unsere geräumige Suite besser geeignet als eine Hotelbar, in der die Menschen dicht gedrängt saßen und so laut redeten, dass die Leute am Nachbartisch ihrerseits laut reden mussten, um sich zu verstehen, was wiederum zur Folge hatte, dass die Leute am nächsten Tisch …

Doch meine Überlegungen interessierten hier nicht. Dem international gefeierten Schauspieler stand der Sinn nach Hotelbar, also gingen wir in die Hotelbar. *Dienst ist Dienst und Schnaps ist Schnaps,* ging es mir durch den Kopf, als ich vor dem Spiegel stand und den Knoten meiner roten Krawatte festerzog. Ich schob ihn nach links und wieder ein wenig nach rechts, sodass auf beiden Seiten zwei gleich große Spitzen unter dem weißen Hemdkragen verschwanden. Dann trat ich auf den Hotelflur hinaus und rief den Fahrstuhl.

Während die Kabine nach unten glitt, stand ich an der Tür. Achim betrachtete sich im Spiegel, riss sich mit missmutiger Miene ein Nasenhaar heraus und streifte es an dem Taschentuch ab, das er zuvor umständlich aus seiner Hosentasche gefingert hatte.

Wenigstens ging es in der Bar ruhig zu. Nur etwa jeder zweite Tisch war besetzt, die meisten mit vertraut tuschelnden Pärchen oder kleinen Gruppen, die kein Interesse daran hatten, den übrigen Gästen an ihren Gesprächen Anteil zu geben. Unweit vom Eingang war der Tresen. Rechts daneben eine Glasfront, an der kleine Tische standen. Tiefer im Raum gab es Tische für sechs oder acht Personen. Die mit dunklem Leder bezogenen Stühle standen auf roter Auslegeware, während der Boden vor der Theke mit hellen Fliesen bedeckt war. Aus den schräg unter der Decke hängenden Lautsprechern schwebten Hits der 8oer- und 9oer-Jahre herunter wie aufgeweichtes Futter in einem Aquarium.

Zielstrebig marschierte Achim zum Tresen, setzte sich auf einen der Barhocker aus hellem Birkenholz und bestellte ein Pils. Ich hätte mich lieber an einen der Tische gesetzt und den Raum mit dem Rücken zur Wand im Blick behalten. Doch das ging nun nicht mehr. Also nahm ich auf dem Hocker rechts von Achim Platz und ließ mir ein Wasser kommen.

Der Kellner hielt den Kopf zur Seite geneigt, während er das hohe Glas von unten schräg an den Zapfhahn heranführte. Als er es vor Achim auf den Tresen stellte, schäumte die Blume weiß über dem bernsteinfarbenen Bier. Ich überlegte, mir auch eins zu bestellen, als der hagere Barkeeper mit den struppigen schwarzen Haaren und etwas zu großen Ohren mein Wasserglas schon mit einem freundlichen Lächeln auf den Pappdeckel vor mir stellte.

Rasch legte sich die Luftfeuchte als Mantel winziger Tropfen um die Gläser und versprach frischen Genuss. Achim griff mit der Linken nach seinem Pils, drehte sich halb von der Theke weg und hielt es am ausgestreckten Arm vor sich. Das Glas schwebte einen Augenblick gut eineinhalb Meter über dem Boden. Dann schlug es krachend auf die Fliesen. Nasse Scherben flogen in alle Richtungen.

Erschrocken sahen die Gäste von den Nebentischen herüber. Das Bier auf dem Boden schäumte und lief, den Fugen zwischen den Keramikplatten folgend, davon. Ungerührt drehte sich Achim zum Tresen zurück. „Ein Pils, bitte", sagte er mit ruhiger Stimme.

Und zu mir gewandt: „Du denkst vielleicht, es ist mir aus der Hand gefallen."

Ich sah ihn an, drehte mein Wasserglas auf dem Pappdeckel eine halbe Runde weiter, ohne etwas zu erwidern. Achim bekam sein zweites Bier. Mit einem beinahe sympathischen Lächeln und der Ruhe eines Schachspielers, dessen über mehrere Züge erdachter Plan erste Früchte trägt, drehte er sich erneut vom Tresen weg und ließ das zweite Glas auf die Scherben des ersten fallen.

Der Kellner kam eben mit Kehrschaufel, Eimer und Lappen um den Ausschank herum. Als hinderte ihn die Druckwelle einer Explosion am Weitergehen, blieb er unvermittelt stehen und sah Achim aus weit aufgerissenen Augen an. „Das können Sie doch nicht machen", platzte es aus ihm heraus. Es klang mehr wie eine Frage als wie eine Feststellung.

Gleichmütig zog Achim einen Fünfzigmarkschein aus der Innentasche seiner Jacke. „Für die Pils und fürs Putzen", sagte er lakonisch. „Und jetzt gibst du mir ein drittes Pils."

Eine Mischung aus Biergeruch und der für Reinigungsmittel typischen Zitrusfrische stieg mir in die Nase. Wären wir nur nicht in diese blöde Bar gegangen. Es fiel mir schwer, freundlich neben diesem Mann zu sitzen, der sich benahm wie ein dreijähriges Kind.

Achim war der King. Er war daran gewöhnt, dass sein Promi-Status die Dinge stets zu seinen Gunsten wendete. Auf den Gesichtern der Menschen, die in seiner Gegenwart versuchten herauszufinden, wo oder wann sie ihn schon einmal gesehen hatten, zeigte sich in den letzten Tagen oft eine verlegene Nachdenklichkeit, die wenig später einem wissenden Lächeln Platz gemacht hatte. Auch bei unserem Barkeeper war es so gewesen.

Jetzt lächelte er allerdings nicht mehr. Mit versteinerter Miene stellte er das dritte Glas vor Achim. Die Leute an den Tischen steckten die Köpfe zusammen und beobachteten verstohlen, was als Nächstes passieren würde. Die einen belustigt und gierig auf die Sensation, die anderen angewidert. Es dauerte keine zwei Minuten, bis Achim das dritte Glas in die Hand nahm und sich wieder vom Tresen wegdrehte. Zum dritten Mal beobachtete ich, wie das dunkelgraue Jackett in dieser Bewegung schräge Falten über seinen rundlich breiten Rücken spannte, während das Schulterpolster wie eine lose Schuppe in die Luft stach. Der hochgerutschte Ärmel gab das weiße Hemd frei. Unter der Manschette lugte seine goldene Armbanduhr hervor.

„Und jetzt ist Schluss!" Ich packte Achims Handgelenk unmittelbar vor der Uhr.

Überrascht sah er mich an.

„Mir ist egal, was du jetzt von mir denkst", sagte ich leise, aber eindringlich.

Die Szene war absolut grotesk. Sie erinnerte mich an verzweifelte Mütter, die im Grosso-Markt ihre schreienden Kinder vom Süßigkeitenregal wegzerrten. „Mir ist auch egal, was die anderen hier denken. Aber das geht nicht. Es reicht, dass du ihn", mit dem Kopf deutete ich auf den Kellner, der zur Salzsäule erstarrt hinter der Theke stand, „jetzt schon zwei Mal gedemütigt hast. Jetzt hörst du auf mit Demütigen."

In der plötzlichen Stille hörte ich auf einmal überdeutlich die Musik, die aus den Lautsprechern über uns tröpfelte. Noch immer hielt ich Achims Hand umfasst. Mit festem Griff führte ich sie zum Tresen zurück und stellte das Glas auf die Holzplatte vor ihm.

„Das hat sich bisher noch keiner getraut", sagte er und sah mich ungläubig an.

Beschützer der Stars

Die Scheinwerfer über der Bühne lichtorgelten in allen Farben. Laserstrahler drehten sich um die eigene Achse und warfen ihre Köpfe wild in den Nacken. Selbst wenn sie nur halb zu mir herübersahen, war ich geblendet. Sie schleuderten das blauweiße Licht mit solcher Wucht von sich, dass es aussah, als schnitten sie Tunnel ins Dunkel. Dass sie keine Löcher schufen, sondern Licht, wurde erst sichtbar, wenn sie auf die Gesichter des Publikums trafen. Tausendfach jubelten die Leute der zierlichen Frau auf der Bühne zu.

Mit schwarzem Top, einer Hose in derselben Farbe, enger schwarzer Halskette und schwarzen Haaren stand Nena keine zehn Meter von mir entfernt und sang: „Sei stark in deinem Glauben, sei stark in deinem Tun, wenn du glaubst, ist alles möglich, hör auf, dich auszuruhen."

Wie recht sie hatte. Auch ich hatte auf meinem Weg einen langen Atem gebraucht. Endlich war ich im Leben dort angekommen, wo ich hinwollte. Nun stand ich auf dieser gigantischen Konzertbühne hinter der seitlichen Trennwand. Für das klatschende, pfeifende, singende und tobende Publikum unsichtbar, überblickte ich das Geschehen, ohne dass ich selbst gesehen werden konnte. Trat ich einen halben Schritt hinter der dunklen Seitenwand hervor, konnte ich die Licht- und Tontechniker erspähen, die in ihrem schwach beleuchteten, abgegrenzten Bereich saßen. Wie auf einer Insel im trägen Meer schwebten sie weit hinten über den Tausenden Köpfen.

Während meine Kollegen den Graben vor der Bühne absicherten und sich im Ernstfall mit aller Kraft gegen die Gitter stemmen mussten, hatte ich von meiner Position auf der Bühne freie Sicht. Es war fast wie bei der Ipf-Messe, wenn sich die Leute im Dutzend an die Bierwagen drängten. Wenn sie sich vom Riesenrad willenlos in den Abendhimmel heben ließen oder an den Lenkrädern der Autoskooter kurbelten, als wären sie Spulen, mit denen sie ihr Glück an Land ziehen könnten. Dann saß ich gern auf halber Höhe des Ipf. Dort wo der Hang eine kleine Mulde bildete, die mit Fels und Steinen gespickt war und auch dann noch trocken blieb, wenn die Sonne längst hinter dem Hügel untergegangen war und sich die Halme ringsum mit Tau überzogen. Von dort aus konnte ich das Treiben unter mir ungestört beobachten. Etwas in mir beneidete die Leute auf dem Festplatz. Ihr Lachen klang so unbeschwert. Und doch spürte ich, dass ich keiner von ihnen war.

„Ich geb mich der Verwirrung hin", begann Nena das nächste Lied. Das Publikum hatte es schon an den ersten Akkorden erkannt und stimmte lauthals mit ein. Die Leute reckten ihre Hände nach oben und wiegten sie im Takt. Feuerzeuge blitzten auf. „Gedanken, die mich runterziehen, verspeisen meine Kraft, dann steh ich nicht auf meinen Beinen und tu mir selber leid."

Ja, das kannte ich gut. Sehr gut sogar. Egal, ob ich an vermisste Vaterliebe oder das Fahrrad dachte, das ich mir lange gewünscht und im Gegensatz zu meinen Klassenkameraden nie besessen hatte. Dieses Selbstmitleid war so süß wie Honig, aber ebenso zäh.

„Danke, Nena", stand neben einem rot ausgemalten Herz auf einem Transparent, das in den vorderen Reihen geschwenkt wurde. Doch unmittelbar neben dem Rampenlicht wartete ich und entschied in brenzligen Situationen, was im nächsten Moment geschah. Hätte ein zudringlicher Fan es den Bühnenaufgang hinaufgeschafft, ich würde ihn stoppen. Fingen die Leute an, Ge-

genstände auf die Bühne zu werfen, entschied ich, wann es für Nena zu heikel wurde, und holte sie aus der Gefahrenzone. Heute stand Nena im Rampenlicht. Ich hatte aber auch schon Dieter Bohlen und Thomas Anders von Modern Talking, die fünf Girls von den No Angels und andere große Stars beschützt. Ich war es, der den Jungs unten vor der Bühne Anweisungen gab, Störenfriede aus der Menge zu ziehen. War ich nicht eigentlich der wichtigste Mann des Abends?

Ich wünschte, Vater könnte sehen, wie ich hier stand, mit meinen schwarzen Schuhen und dem dunklen Anzug. Mit dem weißen Kragen über der Krawatte und dem kleinen Knopf im Ohr. Eigentlich war mir das Headset lästig. Aber ich wusste, dass es für die Leute Verantwortung und Macht symbolisierte wie die Handschellen am Gürtel eines Polizisten.

Wenn Vater mich hier sehen könnte.

Wäre er stolz auf mich?

Oder würde er spüren, dass ich das hier auch tat, um anders zu sein als er? Um nicht mit ihm verglichen zu werden? Würde er merken, dass ich nach einer arbeitsreichen Nacht und kurzem Schlaf am Morgen aufstand, mir das kalte Wasser energisch ins Gesicht warf und für den nächsten Job loszog, weil er selbst nie zur Arbeit ging? Würde er ahnen, dass mich Genugtuung erfüllte, wenn ich Menschen vor willkürlichen Angriffen schützte, weil ich genau das bei ihm schmerzlich vermisst hatte? Würde er sehen, dass es mir ein Leichtes war, Wasser zu trinken, wenn alle an Bierflaschen nippten – weil mich sein Vorbild abschreckte? Und: Würde er auch erkennen, dass ich allen Anstrengungen zum Trotz nicht von ihm loskam?

„Fliegen würde ich lieber, aber das ist ja so schwer", sang Nena jetzt mit weit ausgebreiteten Armen.

Gestern hatte ich in Wien einen Boxkampf abgesichert, am Tag zuvor in der Sportschule unterrichtet. In der vergangenen Woche hatte ich Boris Becker bei einem Benefizspiel beschützt und Boxweltmeister René Weller bei einer Live-Sendung begleitet. Eigentlich war es Wahnsinn. Doch ich brauchte das Geld zur Finanzierung meiner Sportschule, die noch immer nicht richtig rundlief, und lehnte deshalb kaum ein Angebot ab. Zudem war jeder große Name in meinem Terminkalender ein Schub für meinen Selbstwert. Die Prominenz meiner Kunden strahlte auf mich ab. Je mehr Stars ich beschützte, umso mehr wuchs mein Ansehen in der Szene. Ich genoss die Anerkennung und war beinahe süchtig danach. Also hetzte ich von einem Event zum nächsten. Ich bediente so viele Termine, dass ich kaum Gelegenheit fand, richtig auszuschlafen oder zu Hause in Ruhe zu duschen.

Aber was hieß das schon, zu Hause.

Vor vier Jahren hatte ich mich von Manuela getrennt. Mein aufregendes und aufreibendes Leben hatte unsere Beziehung langsam, aber sicher schwieriger werden lassen. Sie war wie ein Konto, von dem wir ständig mehr abhoben, als wir einzahlten. Eine Weile lebten wir noch auf Pump, dann genügte eine Lappalie und ich ließ Manuela mit unserem vierjährigen Sohn Manuel allein zurück.

Kuss der Ikone

Als an jenem Montag mein Mobiltelefon klingelte, wischte ich meine Finger schnell an einer Papierserviette ab. Ich stand unweit des in einem Anhänger untergebrachten Verkaufsstandes an einem Tisch auf langen weißen Beinen, der leicht kippelte. Auf geraden Spießen aufgereiht, drehten sich im Inneren des Wagens langsam Hähnchen. Ein halbes von ihnen und ein Brötchen hatte ich eben verspeist.

Mit immer noch fettigen Fingern fischte ich hastig das Telefon aus der Innentasche meiner Jacke und erkannte die Nummer sofort. Es war nicht irgendwer, der mich da anrief, sondern einer der kompetentesten und gefragtesten Bodyguards in ganz Europa. Gemeinsam hatten wir schon eine Menge hochkarätiger Aufgaben gemeistert. Ich war gespannt, was es diesmal war.

„Hast du Lust, mich für ein paar Tage nach Dresden zu begleiten?", fiel er gleich mit der Tür ins Haus.

„Kommt darauf an", erwiderte ich ruhig.

Ich wollte es ihm nicht zu leicht machen. Er schätzte meine Verlässlichkeit und wusste, dass ich gern mit ihm zusammenarbeitete. Aber einen Blankoscheck musste ich ihm deswegen noch lange nicht ausstellen. Er sollte die Katze erst einmal aus dem Sack lassen.

„Na ja", begann er, während ich versuchte, mit der Zungenspitze einen Fleischfetzen loszubekommen, der rechts unten zwischen meinen Backenzähnen klemmte und einen unangenehmen Druck verursachte. „Ich weiß nicht, ob das etwas für dich ist", sagte er und hielt inne.

Ich stemmte meine Zungenspitze mit ganzer Kraft von unten gegen das Hähnchenfleisch, aber es rührte sich nicht von der Stelle. Alles, was ich erreichte, war, dass meine Zunge vor Anstrengung schmerzte.

„Es geht um Muhammad Ali."

Wie bitte? Mir klappte der Kiefer herunter und ich presste das Telefon so fest an mein Ohr, dass es schmerzte. Hatte ich richtig gehört? Er konnte doch unmöglich den Ali meinen, dem ich schon als Kind im Wohnzimmer vor dem Fernseher in der Bergstraße 94 zugejubelt hatte. Und wenn doch? Das wäre der absolute Wahnsinn!

„Du meinst *den* Ali?", fragte ich vorsichtig.

„Ja, Muhammad Ali. Sag ich doch."

Meine Gedanken überschlugen sich. Ich konnte mich nicht erinnern, irgendetwas von einem Muhammad-Ali-Besuch in Dresden gehört zu haben. Vermutlich wollte mein gewitzter Kollege mich nur kräftig auf den Arm nehmen. Sobald ich zugesagt hätte, würde er mir eröffnen, dass irgendein D-Promi denselben Namen trug wie das Idol meiner Kindertage.

Ich musste auf Nummer sicher gehen.

„Sorry, du meinst nicht den Boxer?"

„Bist du schwer von Begriff?"

Mein Blick fiel auf eine grauschwarze Taube, die mit schaukelndem Kopf über das helle Betonpflaster tappte. Sie hatte weiße Punkte auf den Flügeln. Ihre Augen leuchteten orange. Dreimal pickte sie nach der Brotkrume, die ich zuvor vom Tisch gewischt hatte. Sie war zwischen zwei Steine gerutscht und mit dem Schnabel nur schwer zu erwischen. Als die Taube sie schließlich mit kurzen, ruckenden Bewegungen verschlungen hatte, legte sie den Kopf schief und sah mit einem Auge zu mir hoch.

Ich konnte es immer noch nicht fassen. Sollte das tatsächlich wahr sein? Die unerreichte und unerreichbare Boxlegende Muhammad Ali kam nach Deutschland, und ich war auserkoren, ihn zu beschützen? Hätte mir das damals einer auf dem Schulhof vorausgesagt, wo ich herumgeschubst worden war, ich hätte ihn für verrückt erklärt.

Als ich das Telefon wieder in meine Tasche steckte, grinste ich so breit über das ganze Gesicht, dass der Mann im Hähnchen-Wagen freundlich zurücklächelte. Ich faltete die zerknüllte Serviette auf dem Tisch wieder auf, fand, wonach ich gesucht hatte, und warf der Taube eine zweite Brotkrume zu. Am liebsten wäre ich über den Platz davongehüpft oder hätte dem inzwischen schon nicht mehr lächelnden Hähnchenverkäufer erzählt, was gerade passiert war. Aber das ging natürlich nicht.

Schon drei Tage später standen mein Partner und ich in Dresden auf dem Rollfeld. An diesem Junitag war der Morgenhimmel bis auf ein paar hochfliegende Wolkenschleier blankgefegt. In hellem Blau strahlte er über den im Norden der Stadt auf einer Anhöhe gelegenen Flughafen. Um uns her gab es nur das mit viel Glas gebaute Flughafengebäude, das Rollfeld und den jenseits des Sicherheitszaunes beginnenden Wald. Während ich keinen Winkel unserer Umgebung aus den Augen ließ, strich ein angenehm kühler Wind über mein Gesicht.

Ich sah auf meine Uhr. Wenn stimmte, was ich in der Zeitung gelesen hatte, dann war Muhammad Ali der bekannteste Mensch überhaupt. 96 Prozent der Weltbevölkerung wussten, wer er war, während es der Papst auf nur 94 Prozent Bekanntheit brachte. In wenigen Minuten sollten mein Kollege und ich die Verantwortung für Alis Leben übernehmen. Wir würden ihn vor Angriffen bewahren und im Extremfall seinen Körper mit unserem schützen. Wie ein Bergsteiger in der Nordwand nicht ans Stürzen denkt, konzentrierten wir uns zwar nicht auf den Ernstfall, waren jedoch zu allem bereit.

Als der Airbus 330 endlich am Himmel erschien und wie in Zeitlupe heranschwebte, beschleunigte sich mein Puls. Ich beobachtete, wie die ersten vier der acht Räder am Fahrgestell auf der

Piste aufsetzten und für einen Moment kleine weiße Wolken aufstoben. Dann steuerte der große Vogel, dem Safety-Car folgend, langsam auf unsere kleine Gruppe zu.

Als das Flugzeug stehen blieb, legte ein Mann mit orangenen Ohrschützern schwere Keile vor und hinter die Räder, zog das ebenfalls orangefarbene Kabel heran und fixierte den Stecker im Bug. Ein anderer fuhr die bereitstehende Treppe heran und wenig später öffnete sich die Tür hinter dem Cockpit.

Nun war es so weit. Gemeinsam mit meinem Kollegen stieg ich die Stufen hinauf. Sicherlich würde sich in den nächsten Tagen die Möglichkeit ergeben, ein Autogramm zu bekommen, schoss es mir durch den Kopf. Schnell verdrängte ich diesen Gedanken. Jetzt wollte ich die Rolle des Bodyguards perfekt erfüllen. Der Puls hämmerte in meinen Ohren, als ich an der Stewardess vorbei in die Maschine hineinging.

Nur wenige Schritte entfernt stand er in dem schmalen Gang. Muhammad Ali.

Er war groß und hielt den Kopf leicht vorgebeugt. Seine Hände zitterten mit kleinen Bewegungen, obwohl sie an den ledernen Sitzlehnen festen Halt hatten. Alis Gesichtszüge wirkten massiger, als ich sie in Erinnerung hatte. Nein, er war nicht mehr der kompakte Kämpfer, den ich im Fernsehen hatte siegen sehen.

Mit ausgestreckter Hand trat ich auf ihn zu. Er hielt mir seine Rechte entgegen und fragte mit brüchiger Stimme auf Englisch: „Und wer sind Sie?"

Wie sehr hatte ich diesem Moment in den letzten Tagen entgegengefiebert. Wenn ich abends im Bett lag und mir die geplanten Termine und Veranstaltungsorte durch den Kopf gingen, überlegte ich, wie ich dem mehrfachen Boxweltmeister begegnen sollte. Immer wieder war ich zu dem einen Satz gekommen, den ich inzwischen zigfach geprobt hatte und jetzt mit fester Stimme aussprach: „I am your bodyguard. I safe your life with my life."
Ich bin Ihr Bodyguard, ich schütze Ihr Leben mit meinem.

Der große Ali sah mir tief in die Augen. Dann legte er seinen Arm um mich und drückte mich an sich.

In diesem Augenblick löste sich in mir eine Spannung. Es war wie bei einem Werkstück, von dem man nach tagelangem Warten die Schraubzwingen abnahm. Jetzt galt es: War der Leim überall ausgehärtet und hielt? Standen sämtliche Winkel im Lot? Hatten alle Fugen das gleiche Maß? All diese Fragen, beantworteten sich, sobald die letzte Zwinge gelöst war. Ich hatte den Druck, der seit Tagen auf mir lastete, zuvor gar nicht bemerkt. Nun befreite Alis Umarmung mich von dieser Last. Er akzeptierte mich als seinen Bodyguard. Er vertraute mir sein Leben an.

In einem Autokorso fuhren wir in das sächsische Städtchen Riesa. Hier sollte die Deutschlandpremiere des Films *Ali* gefeiert werden, in dem Will Smith den erfolgreichen Boxer verkörperte. In zehn Jahren wollte Riesa die Boxwettkämpfe der Olympischen Sommerspiele 2012 austragen, um die sich die Stadt Leipzig bewarb. Der Besuch dieser Boxlegende sollte ihre Erfolgsaussichten verbessern.

Als wir in Riesa vor dem Hotel *Mercure* hielten, war der Rummel riesengroß. Auf dem Gelände standen mehrere Streifenwagen. Über dem fünfstöckigen Bau mit Flachdach kreiste ein Polizeihubschrauber. Vor dem Eingang hatte sich eine Menge Schaulustiger versammelt, die in Bewegung kam, sobald unsere kleine Kolonne vor das Eingangsportal fuhr.

Mir wäre es lieber gewesen, möglichst schnell mit Ali im geschützten Inneren des Hotels zu verschwinden, aber er blieb stehen und sah freundlich zu den Leuten hinter der Absperrung hinüber. Ich wusste, dass er nicht verstand, was sie ihm zuriefen. Dennoch lächelte er, ging mit langsamen, etwas tapsigen Schritten zu ihnen und signierte Bilder, T-Shirts, eilig hervorgezogene Notizzettel und ein Paar roter Boxhandschuhe. Zugleich schossen die mit mehreren Kameras bepackten Fotografen aus allen Richtungen Bilder.

Wir hatten uns schon eine Weile aufgehalten, aber ich traute mich nicht, Ali endlich ins Hotel zu bringen. Da kam der für den Zeitplan verantwortliche Manager zu mir. „Sag ihm, dass wir weitermüssen", raunte er mir zu. Also ging ich dicht an meinen Schützling heran und sagte freundlich und bestimmt: „Ali, we must go!"

Ali sah mich kurz an und wandte sich dann wieder den Leuten zu. Ohne Eile schob er seine Hände in die Hosentaschen und stand ganz still da. Die Menge wurde ruhiger und beobachtete ihn gespannt. Irgendetwas würde gleich geschehen. Ali selbst wirkte, als ob er über etwas Kompliziertes nachdachte. Plötzlich zog er mit einem Ruck seine Hände wieder hervor und streckte beide Arme in die Luft. *Er winkt ihnen zum Abschied,* dachte ich erleichtert. Aber das war es nicht. Als Ali sich sicher sein konnte, die volle Aufmerksamkeit der Leute zu haben, ließ er beide Hände bedächtig, fast feierlich sinken und hielt sie vor seine Brust, als wolle er beten. Ich sah meinen Partner fragend an, doch der zuckte nur unmerklich mit den Schultern. Gerade noch rechtzeitig drehte ich mich wieder zu Ali herum, sodass ich mitbekam, wie er seine linke Hand mit großer Geste zum zweiten Mal in die Luft warf. Über seinem in kindlicher Freude strahlenden Gesicht leuchtete jetzt ein kleines rotes Seidentuch im Sonnenlicht, das er zwischen Zeigefinger und Daumen hielt. Seine Fans blinzelten begeistert zu dem roten Wimpel hinauf und dankten Ali die Vorstellung mit enthusiastischem Applaus.

An die zehn Mal sah ich diesen kleinen Zaubertrick in jenen Tagen. Jede Wiederholung zelebrierte Ali mit derselben Hingabe. Ich beobachtete ihn genau. Bei der dritten Vorführung erkannte ich, dass er unmittelbar vor der Show einen täuschend echten Plastikdaumen über seinen zog, in dem das Tuch versteckt war.

Mich beeindruckte Alis Freundlichkeit, die ich in dieser Geste entdeckte. Er kannte seine Fans in Riesa nicht und würde sie nach seiner Abreise nie wieder sehen. Dennoch begegnete er ihnen warmherzig, voller Liebe und freute sich, wenn sie mit ihm lachten. Wenn er mit ihnen sprach, geduldig ihre Autogrammwünsche erfüllte, ihre Hände in seinen hielt, hatte ich das Gefühl, als umarme er sie.

Am nächsten Tag hatten wir eine ganze Reihe Termine zu absolvieren. Einige Sponsoren hatten Alis Besuch mitfinanziert und bestanden nun auf ihrem Foto mit ihm. Ich verstand sie gut. Auch für mich war die Begegnung mit Ali etwas Außergewöhnliches. Aber je länger die Prozedur dauerte, umso mehr ermüdeten Ali das Lächeln, Signieren und die übertrieben euphorischen Sympathiebekundungen der lokalen Wirtschaftsvertreter.

Ich war froh, als wir ihn endlich wieder ins Hotel bringen konnten, wo er gemeinsam mit seiner Frau und seinem Freund Howard eine Etage für sich allein hatte. Er hatte die Ruhe bitter nötig, denn am Abend fand ja die Uraufführung seines Films statt.

Als wir an der *Erdgasarena*, einem großen, unspektakulären Industriebau, ankamen, war der Saal für die Filmvorführung bereits knackevoll. Unter der hohen Decke drängten sich 3000 Leute. 300 Journalisten aus aller Welt hatten sich akkreditiert, und 30 Kamerateams konkurrierten um die besten Bilder. Während Ali am Nachmittag ein buntes kurzärmeliges Hemd locker über der Hose getragen hatte, saß sein dunkler Anzug jetzt passgenau über dem blauen Hemd. Das helle Einstecktuch in der Brusttasche seines Jacketts und die farblich abgestimmte Krawatte gaben ihm etwas Festliches.

Im Saal ging es zu wie in einem Bienenstock am ersten warmen Frühlingstag. Menschen strömten hin und her. Sie redeten aufgeregt durcheinander und reckten die Hälse. Jeder wollte Ali sehen. Manche versuchten, so nah wie möglich an ihn heranzukommen oder ihn sogar zu berühren. Unsere Aufgabe war es, Ali durch die drängelnden und dicht an dicht stehenden Menschen unbehelligt auf die Bühne zu bringen. Wir nahmen ihn in unsere

Mitte. Ich ging seitlich kurz vor Ali. Mein Partner lief knapp hinter ihm.

Plötzlich rief mein Kollege: „Dreh dich um!"

Blitzschnell fuhr ich herum. In der Menge sah ich einen Mann, der auf Ali zudrängte. Er schob die Leute energisch zur Seite und hielt ein etwa handtaschengroßes zusammengefaltetes Papier in der Hand. Versteckte er darin einen Gegenstand, mit dem er Ali gefährlich werden konnte?

Mit angespannten Muskeln machte ich einen ausladenden Schritt auf den Mann zu, stoppte seine Bewegung mit einem kräftigen Stoß und beförderte ihn zurück in die Menge. Das Päckchen fiel zu Boden. Um alles Weitere kümmerten sich die Jungs vom Saalschutz, sodass ich sofort an Alis Seite zurückkehren konnte.

Nachdem Muhammad Ali sich auf der Bühne gezeigt, den Gästen für ihr Kommen gedankt und seinen Film mit knappen, ehrlichen Worten angekündigt hatte, applaudierten die Leute wie wild. Sie klatschten noch, als wir uns in den etwas erhöht gelegenen und mit einer Glasscheibe abgetrennten Raum an der rechten Seite des Saals zurückzogen. Das Licht wurde gedimmt, und auch in unserer Kammer wurde es dunkel. Auf der riesigen Leinwand über der Bühne erschienen rot die drei großen Buchstaben A-L-I.

Das Ganze hatte etwas Unwirkliches. Auf den Stuhlreihen unter uns saßen Tausende Leute, darunter Prominente wie Henry Maske, Axel Schulz, Karl Mildenberger, Manfred Wolke und Udo Lindenberg. Für viele von ihnen wäre es an diesem Tag das Höchste gewesen, Ali für ein paar Sekunden die Hand schütteln zu dürfen. Aber wer war es, der neben ihm saß und sein Glück kaum fassen konnte?

Ich.

Auf der Leinwand tänzelte Will Smith im Ring und teilte die ersten Haken aus. Langsam verschwammen seine Züge vor meinen Augen, und ich sah den echten Ali vor mir. Mit flinken Beinen huschte er über den kleinen Bildschirm des Fernsehers in dem schäbigen Haus auf der Bergstraße, während ich auf dem Boden kauerte, das Sofa im Rücken, und bei jedem Schlag mit meinem Helden mitfieberte.

Dieser Kämpfer war mein Idol. Stark und unbesiegbar. Ganz anders als der oft wehrlose Junge, der ich damals gewesen war. Ihn eines Tages sehen zu dürfen, war mein größter Wunsch und mein innigstes Gebet gewesen. 25 Jahre war das her.

Jetzt saß ich neben ihm, um ihn zu beschützen. Vorsichtig drehte ich meinen Kopf und sah zu Ali hinüber. Am Abend dieses anstrengenden Tages zitterten seine Hände stärker als sonst. Er tat mir leid. Im Halbdunkel unseres Separees, jenseits von Bühnenscheinwerfern, bewundernden Blicken und begeistertem Applaus, saß kein Champion. Neben mir erblickte ich einen liebenswerten, alten, von Parkinson geplagten Mann.

Während der After-Show-Party wurde Reissuppe serviert. Auch hier war mein Platz neben Ali. Er mühte sich, seinen Löffel sicher zum Mund zu bringen. Immer wieder kleckerte dabei Suppe auf seine schicke Anzughose. Ich überlegte, wie ich ihm helfen konnte, ohne ihn vor all den Leuten bloßzustellen. Schließlich nahm ich meine Serviette und tupfte die fettige Flüssigkeit von seiner Hose. Dann tauchte ich seinen Löffel in die restliche Suppe und gab ihm zu essen. Ali ließ es still geschehen.

Am nächsten Morgen rief mich seine Frau zu ihm ins Zimmer. Sie bat mich, ihn in den Presseraum in einer der unteren Etagen zu begleiten, wo er erwartet wurde. Ali saß in einem Sessel und sah freundlich zu mir hoch. Ich reichte ihm beide Hände. Als er auf seinen Füßen stand, hakte ich mich bei ihm unter, und wir gingen zum Fahrstuhl.

Wir waren auf halber Stecke in dem mit weinrotem Teppich ausgelegten Gang. Da merkte ich, dass mit Ali etwas nicht stimmte. Er atmete schnell und hektisch und sah starr vor sich hin. Das Gewicht an meinem Arm wurde schwerer. Plötzlich fasste Ali sich mit seiner rechten Hand ans Herz und sackte kurz darauf zusammen.

Panik ergriff mich und tausend Gedanken rasten durch meinen Kopf. Blitzschnell ging ich in die Hocke, um den Mann, der einen halben Kopf größer war als ich, abzustützen. Für einen kurzen Augenblick saß er auf meinem angewinkelten Oberschenkel. Dann glitt er von dort langsam zu Boden. *O Gott,* dachte ich bestürzt, *der berühmteste Mensch der Welt stirbt in meinen Armen.* Wie gern hätte ich auf diese traurige Berühmtheit verzichtet.

Voller Angst kniete ich neben dem reglos auf dem roten Teppich liegenden Ali.

„Ali!", rief ich wieder und wieder. „Ali, wake up!"

Es half nichts. Er rührte sich nicht. Seine Augen waren geschlossen, die Lippen leicht geöffnet, er atmete flach. Wenigstens atmete er. Laut rief ich nach seiner Frau. Ich schlug auf seine Wangen, um ihn zu Bewusstsein zu bringen, und wiederholte verzweifelt seinen Namen.

Jetzt flogen die Türen auf. Alis Frau sah den Gang entlang, sein Freund Howard kam aus seinem Zimmer, und auch mein Partner rannte auf uns zu. Atemlos starrte ich Ali an, während die anderen sich um uns scharten.

In diesem Augenblick schlug Ali die Augen auf. Langsam setzte er sich auf und fing unvermittelt an zu lachen. Howard stimmte mit seinem tiefen Bass als Erster ein. Offenbar belustigt schlug er sich auf den Schenkel. Irritiert sah ich von einem zum anderen.

„Diesen Spaß erlaubt er sich gern einmal mit seinen Bodyguards", prustete Howard. Ich verstand nicht, was er meinte. Aber als ich erneut in Alis rundes Gesicht sah und mir sein breites Grinsen immer noch entgegenblitzte, begriff ich allmählich, was hier vor sich ging. Wie in Zeitlupe löste sich meine Anspannung, und schließlich stimmte auch ich in das Gelächter ein.

Am Tag darauf war ich nach dem Frühstück allein mit Ali. In seiner Etage standen wir hinter einer großen Glasfront und sa-

hen hinunter auf die Straße, die unmittelbar am Hotel vorüber-
führte. Dahinter glitt durch einen Wiesenstreifen von ihr getrennt
die Elbe dahin und wurde von einer Schnellstraße auf zwei Tras-
sen überspannt. Wenige Autos huschten über die Brücke, während der Fluss das silbrige Grau des Himmels widerspiegelte.

Es war mein letzter Tag mit Ali. Genau genommen waren es
sogar die letzten Stunden. Noch vor dem Mittag würde ich von
einem Kollegen abgelöst. Bereits am Abend hatte ich bei einem
Konzert in Süddeutschland meinen nächsten Einsatz.

Ich fasste mir ein Herz und ging zu Ali, der ein paar Meter
weiter am Fenster stand und hinaussah. Er hatte mich nicht bemerkt und zuckte zusammen, als ich ihn ansprach. Ich erzählte
ihm von unserem Schwarz-Weiß-Fernseher und dass ich als Junge
ausnahmsweise hatte aufbleiben dürfen, wenn er in den Ring
gestiegen war. Ich sah in seine dunklen Augen und sagte ihm,
dass er seither mein Held sei und bis heute ein Vorbild für mich.
Und ich sagte, dass ich ihn am Ende dieser Tage noch viel mehr
schätzte, als ich es damals konnte, weil ich spürte, was für ein
edler Mensch er sei.

Während ich nach Worten suchte, stockte, neu ansetzte und
ihm das offenbarte, sah Ali mich unverwandt an. Sein rechtes
Auge fixierte mich, während sein linkes in die Ferne blickte. Doch
das bemerkte ich in diesem Moment nicht. Was ich bemerkte,
war der feuchte Glanz in seinen Augen.

Als ich alles gesagt hatte, was ich loswerden musste, hob Ali
seine schweren Hände, legte sie mir auf die Schultern und zog
mich zu sich heran. *Wie im Flugzeug,* dachte ich, *aber auch
irgendwie anders.* Da ließ Ali mich schon wieder los, ohne mich
ganz freizugeben, und drückte mir auf die rechte Wange einen
Kuss.

Während meiner Karriere als Bodyguard habe ich das Leben vieler Prominenter beschützen dürfen. Hier ein paar Erinnerungsbilder:

Karlheinz Böhm (1928–2014) kennen viele sicher noch aus den Sissi-Filmen, wo er neben Romy Schneider den jungen Kaiser Franz Joseph spielte. Hier sieht man ihn mit seiner Frau Almaz – und mit mir, seinem Bodyguard (2003/2004).

Das waren die wilden 90er-Jahre, wie man am Styling von Verona Feldbusch (heute Pooth) unschwer erkennen kann!

Mein Traum wird wahr: 2002 und 2005 darf ich mein Kindheitsidol Muhammad Ali, den „besten Boxer aller Zeiten", als Bodyguard auf seinen Deutschlandbesuchen begleiten.

Während des Papstbesuches 2006 in Bayern. Vorne links ist Georg Ratzinger zu sehen, der Bruder des damaligen Papstes Benedikt XVI.

Auch Schwiegermamas Liebling braucht mal einen starken Mann an seiner Seite: Fernsehmoderator Kai Pflaume bei einem Benfiz-Fußballspiel 2004 in Aalen.

Mein langjähriger Freund Gotthilf Fischer (hier 2013) ist durch die von ihm gegründeten Fischer-Chöre bekannt geworden. Seit ich ihn beschützt habe, weiß ich, dass es auch Groupies im Renten-alter gibt ...

Der Komiker und Schauspieler Markus Maria Profitlich (rechts) ist ein guter Bekannter und war 2012 zu Besuch in meiner Sportschule.

Alexander Dimitrenko (rechts), Europameister im Boxen/Schwergewicht, gehört als Selbstverteidigungstrainer zum Führungsteam meiner Sportschule und ist ein sehr guter Freund (hier mit TV-Moderatorin Sabine Bhandari).

Hier bekommen die Kinder nach einem Selbstverteidigungskurs Urkunden und Medaillen verliehen. Mir ist es wichtig, dass jedes Einzelne dabei spürt: Du bist wertvoll!

Und hier noch einige Fotos aus meinem Familienalbum:

Das ist Sandra, mein Engel. Ist sie nicht wunderschön? Ich liebe sie über alles.

Dieses Bild ist eins meiner wenigen Kinderfotos und mir sehr wertvoll. Es zeigt mich als Einjährigen mit meinem Vater.

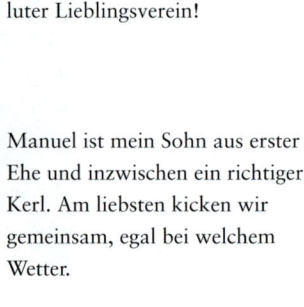

Hier bin ich mit meiner Tochter Laura 2014 bei einem Fußballspiel des FC Bayern – mein absoluter Lieblingsverein!

Manuel ist mein Sohn aus erster Ehe und inzwischen ein richtiger Kerl. Am liebsten kicken wir gemeinsam, egal bei welchem Wetter.

Stille in Eggenfelden

Jeder neue Auftrag war ein Kompliment für mich. Bat mich ein Kollege um Unterstützung, hieß das für mich: Du bist ein gefragter Partner. Deine Arbeit wird geschätzt. Das war ein starkes, wohliges und großes Gefühl, das mich durchflutete wie morgendliche Sonnenstrahlen einen lichten Laubwald. Ich war stolz, es so weit gebracht zu haben. Ich hatte den Erfolg gekostet und wollte mehr davon. Wie wenn man ein Stück Schokolade isst, dann zum zweiten greift, kurz darauf das dritte abbricht und sich gleich hinterher das vierte in den Mund schiebt, hetzte ich atemlos von einem Event zum nächsten. Auch wegen des Geldes. Ich reiste an, zog mich um, bestritt die Show, lächelte neben dem Star des Abends fürs Erinnerungsfoto, das eigentlich ein Beweisfoto war, in die Kamera, schlief ein paar Stunden im Hotel oder fuhr gleich zurück. Ein Auftrag jagte den nächsten. Es war wie in einem Karussell auf dem Jahrmarkt. Attraktionen, Menschen, bunte Buden, alles huschte an mir vorbei. Ich sah die Dinge, ohne sie wirklich wahrzunehmen, und hätte im Nachhinein nicht sagen können, wie sie beschaffen waren. Sie flogen vorüber und vermischten sich zu einer konturlosen Masse, während ich schwitzend nach Luft schnappte, als hielte ich selbst das Karussell mit einer Handkurbel am Laufen.

Seit der Trennung von Manuela sah ich auch Manuel immer seltener. Ich versuchte mein schlechtes Gewissen zu besänftigen, indem ich ihm Autogramme von Ringerweltmeister Thomas Zander, TV-Moderator Hans Meiser oder anderen Showbusinessberühmtheiten schenkte. Ich spürte selbst, dass das kein Ersatz für gemeinsame Zeit war, und sah es obendrein in Manuels Blick. Aber was sollte ich denn machen? Es war, als schriebe ich für ihn die Worte *Ich liebe Dich* auf ein großes Plakat, aber der Stift, mit dem ich das tat, war kraftlos und leer. Statt satter Farbe hinterließ er auf dem Papier nur eine schwache Spur. Eine dünne Prägung, die nur erkannte, wer ganz dicht heranging und sie sehen wollte. Manuels Kinderaugen vermochten das nicht.

Permanent auf Achse zu sein und immer mit dem Äußersten zu rechnen, zehrte an meinen Kräften. Ich war völlig ausgelaugt. War ich ausnahmsweise mal nicht im Dienst, legte sich eine bleierne Müdigkeit auf alles. Ging ich dann mit Manuel ins Kino, schlief ich im Halbdunkel schnell ein, und er musste allein verfolgen, wie die von ihm heiß geliebten Pokémons über die Leinwand huschten.

Irgendwann begriff ich, dass es so nicht weitergehen konnte. Ich überlegte, wenigstens für eine Woche Urlaub zu machen. Ein Hotel kam dafür nicht infrage. Hotels erinnerten mich zu sehr an mein geschäftiges Nomadentum. Ich brauchte einen radikalen Tapetenwechsel. Vielleicht ein Kloster? Unvermittelt tauchte dieser Gedanke auf und ließ mich nicht mehr los. Vor meinem inneren Auge sah ich dunkle hohe Mauern, hinter denen Mönche gebeugt und mit schlurfenden Füßen über Kieswege spazierten. In der Mitte des kleinen Gartens stand aus Stein ein Kreuz. Still war es dort. Ganz anders als in der Welt um mich her. Nach genau so einem Ort sehnte ich mich. Schnell ging ich zu meinem Rechner, schaltete ihn ein und wartete ungeduldig, bis er betriebsbereit war. In die Suchmaschine gab ich „Urlaub im Kloster" ein und telefonierte kurz darauf mit dem Franziskanerkloster Eggenfelden. Der freundliche Mönch am anderen Ende der Leitung sagte mir, dass ich in der nächsten Woche kommen könne.

Mein Routenplaner hatte für normale Verkehrsverhältnisse drei Stunden Fahrzeit errechnet. Je länger ich unterwegs war und je näher ich meinem Ziel kam, umso unruhiger wurde ich. *Was willst du ausgerechnet in einem Kloster?*, fragte ich mich. *Hast du nichts Wichtigeres zu tun, als mit auf dem Rücken verschränkten Händen durch Kreuzgänge zu schleichen?* Ich könnte anrufen und sagen, dass ein wichtiger Termin dazwischengekommen sei. Aber wohin sollte ich dann mit der gepackten Reisetasche im Kofferraum?

Nach dreieinhalb Stunden Fahrt parkte ich auf dem gepflasterten Platz vor dem geradlinigen Klosterbau mit den kleinen Fenstern. Das Gelb der Fassade leuchtete in der warmen Augustsonne. Die wenigen Wolken am Himmel warfen keine Schatten. Über den hellen Mauern der Gebäude ragten gewaltige Ziegeldächer in verwaschenem Rostbraun steil auf. Zögernd ging ich auf den Eingang zu.

Kurz nachdem ich geläutet hatte, öffnete mir ein freundlicher Mann mit Brille und stellte sich als Bruder Ludwig vor. Er trug ein einfaches Gewand mit einem ausladenden, kreisrunden Kragen und einer auf dem Rücken spitz zulaufenden Kapuze. Eine doppelte Schnur raffte den Stoff an der Taille und lief über drei Knoten an seinem rechten Bein hinab.

Im Haus war es angenehm kühl. Es roch ein wenig dumpf, ohne dass ich dem Geruch einen Namen geben konnte. Eine großzügige Lobby mit automatischer Glasdrehtür, Deckenspots und Spiegelwand gab es hier nicht. Auch keine Empfangsdamen mit Blazer und Hochsteckfrisur an der Rezeption. Niemand wollte meinen Ausweis sehen, als ich die hohe Eingangshalle betrat. Zwei Schritte hinter dem grauhaarigen Mönch stieg ich die steinernen Stufen hinauf.

Noch vor dem Abendessen hatte ich in meinem Zimmer die Sachen in den Schrank gelegt. Gleich nach der Mahlzeit gemeinsam mit den Mönchen und drei weiteren Klostergästen ging ich wieder nach oben, um für mich zu sein.

Alles hier war einfach und edel zugleich. Das Essen, die besonnenen Gespräche der Mönche am Tisch. Die Ausstattung im Haus. Der Boden meines kleinen Zimmers war mit hellen Dielen ausgelegt. Sie passten gut zu den weiß getünchten Wänden. Der Tür gegenüber gab ein niedriges zweiflügeliges Fenster den Blick auf den Garten frei. Über dem Fenster hing ein schlichtes Holzkreuz mit sorgsam geschnitztem Jesus daran. Gleich rechts von der Tür stand der dunkelbraune Schrank mit meinen Sachen. Dort hatte ich auch meine Tasche verstaut. Auf den ersten Blick deutete nur mein Wecker auf dem Nachttisch darauf hin, dass dieses Zimmer von mir bewohnt wurde. Links von der Tür war ein kleines, weißes Keramikwaschbecken befestigt, darüber ein beinahe winziger Spiegel. Die Tür mit der Aufschrift *Duschen* hatte mir Bruder Ludwig am anderen Ende des Ganges gezeigt.

An der Wand, die zum Fenster führte, standen ein Stuhl und ein einfacher Holztisch, auf dem eine schwarz eingebundene Bibel lag. Auf dem Buchdeckel war golden ein Kreuz eingeprägt. Rechts unter dem Fenster stand das Bett mit weißem Bettzeug darauf. Von der ebenfalls weißen Decke hing eine einfache Leuchte herab, das einzige elektrische Gerät im Raum, von meinem Wecker und meinem Handy einmal abgesehen.

Am liebsten hätte ich gleich nachgesehen, ob während des Abendbrots jemand angerufen hatte. Doch das ging nicht. Ich war dem Rat des freundlichen Mönchs gefolgt und hatte mein Telefon ausgeschaltet. Taub und stumm lag es auf dem Boden meiner im Schrank deponierten Tasche. Die wichtigsten Geschäftspartner hatte ich informiert und in der Sportschule die Vertretung geregelt. Zu Hause wartete ohnehin niemand auf mich.

Dennoch war ich unruhig. Niemand würde mir anbieten, morgen Dieter Bohlen oder übermorgen die deutsche Fußballnationalmannschaft zu beschützen oder bei der Tour de France als Bodyguard für das Team Telekom dabei zu sein. Die ganze Woche würde mich keiner um Hilfe bitten: „ARD-Boxen am Samstag. Wir brauchen zwanzig Leute. Bist du dabei?"

Fehlanzeige.

Ich hatte mich selbst ins Abseits gestellt und von den emotionalen Höhepunkten meines Lebens abgeschnitten. Hier konnte ich mich für niemanden einsetzen, höchstens für mich selbst. Die Schuhe an den Füßen, legte ich mich aufs Bett.

Es war still.

Nein, in der Ferne trällerte irgendwo eine Amsel ihr melancholisches Lied. Noch schickte die Sonne mattwarmes Licht ins Zimmer. In wenigen Minuten würde sie hinter dem Horizont verschwinden und die Amsel verstummen.

Bilder kamen und gingen: ich in einem Bierzelt voller umgestürzter Tische und Bänke, einer unter mir, drei auf mir drauf. Ich neben dem Anrufbeantworter in der Sportschule. „Dich machen wir kalt", knarzt eine unbekannte Stimme aus dem kleinen, dunklen Kasten. Ich mit langen Sätzen hinter einem her. Zum Knäuel verkeilt poltern wir die Treppe hinunter. Ich mit dem Rücken auf dem scherbenübersäten Marktplatz. Für einen kurzen Moment hält das Volksfest den Atem an. Ich und der mit der abgeschlagenen Flasche. Ich und der, der aus drei Metern Entfernung mit der entzündeten Feuerwerksrakete auf mein Gesicht zielt.

Die Szenen sind voller Bewegung. Jede Sekunde kommt es darauf an, dass ich richtig entscheide. Die kleinste Unaufmerksamkeit kann verheerende Folgen für Gesundheit und Leben haben. Für viele. Für mich. Greife ich zu forsch ein oder zu spät, eskaliert die Situation. Und ich trage die Verantwortung.

Den Kopf auf dem weichen Kissen, spürte ich meine verspannten Muskeln. Vielleicht hatte ich wenige Minuten so gelegen, vielleicht war es eine Stunde gewesen. Unbeweglich lag ich da und spürte sie kommen. Wie das Meer bei Flut Zentimeter um Zentimeter den Strand hinaufkriecht, stiegen sie in mir auf. Sie bahnten sich ihren Weg. Ich konnte nicht sagen, warum. Vielleicht hätte ich sie zurückhalten können. Aber wem hätte das genützt? Stattdessen beobachtete ich meine Tränen wie ein Botaniker, der unerwartet auf eine ausgestorben geglaubte Pflanze trifft. Schließlich traten sie mir in die Augen und liefen über meine Wangen. Zum ersten Mal seit langer Zeit weinte ich.

Erschöpft schlief ich schließlich ein.

Um Punkt 5 Uhr klingelte mein Wecker. Das Morgengebet war für uns Gäste keine Pflicht. Aber ich wollte daran teilnehmen, auch wenn es zu einer Zeit begann, zu der ich sonst oft erst ins Bett ging.

Nach Gebet und Andacht verzehrten wir ein schlichtes, gutes Frühstück. Dann machten sich Mönche und Gäste gemeinsam an die Arbeit. Bis zum Mittag schälte ich in der Küche Kartoffeln oder kehrte die langen, mit Steinplatten ausgelegten Gänge. Ich übernahm kleine Reparaturarbeiten im Geräteschuppen oder jätete im Klostergarten das Unkraut.

Es gab bereits reife Äpfel, die wir vom Boden auflasen oder von den Zweigen ernteten und dann in großen Körben verstauten, um sie am dritten Tag zu einer alten, ein paar Kilometer entfernten Mosterei zu bringen. Dort häckselten wir die Äpfel, portionierten die feuchte Masse in Tüchern und stapelten sie in mehreren mit Brettern voneinander getrennten Lagen in der Presse. Drehte einer die Spindel mithilfe der zwei hindurchgesteckten Holzstäbe, erhöhte das den Druck auf den von derbem Stoff gehaltenen Apfelteig. Je stärker die Spindel auf das oberste der Bretter drückte, umso schneller sprudelte unten der Saft aus dem Auslass.

Über Stunden hatte ich gemeinsam mit zwei Mönchen meist schweigend in der höher steigenden Sonne gearbeitet. Inzwischen war es Nachmittag und ein Großteil der Äpfel bereits zu Saft gepresst. An meinem T-Shirt gab es keinen Faden, der nicht von Schweiß getränkt war, und meine Glieder schmerzten, als hätte ich am Vortag eine ernste Schlägerei gehabt. Mühsam richtete ich mich auf und sah zu den Körben hinüber. Noch immer standen viele randvoll mit pausbackigen Äpfeln gefüllt auf der Wiese und warteten darauf, von uns geleert zu werden.

Im selben Augenblick kam die weißhaarige Frau aus dem nahen Haus, die uns am Morgen an der Presse eingewiesen hatte. Sie blieb neben mir stehen. Ich stemmte mich gegen die von tausend schwitzenden Händen glatt polierten Holzschlegel und drehte die Spindel weiter, sodass das Holz knarzte.

„Sind Sie zu Gast im Kloster?"

Obwohl ich der Frau den Rücken zukehrte, war klar, dass sie mich meinte. Ich sah mich um.

„Ja", erwiderte ich in einem Ton, der höflich war und dennoch nicht verbarg, wie wenig mir gerade an einem Gespräch mit ihr lag. Ich hatte nichts gegen die alte Frau. Mir war schlicht nicht nach Small Talk zumute.

In einem dünnen Strahl tröpfelte trüber Apfelsaft in den Eimer. Es plätscherte dumpf.

Als kleiner Junge liebte ich es, in Pfützen zu tappen. Dann spritzte das Wasser zu beiden Seiten und schwappte anschließend an meine Stiefel zurück. Manchmal rührte ich mit einem Stock in den Wasserlöchern und beobachtete, wie der aufgebrachte Dreck langsam zu Boden glitt und sich das Wasser nach und nach klärte. Wartete ich lange genug, konnte ich schließlich wieder den Grund erkennen.

Ganz ähnlich ging es mir jetzt. Im Schutz der Klostermauern erlebte ich eine Ruhe, die die Dinge ordnete und mich klarer sehen ließ. Statt Glamour erlebte ich Gemeinschaft. Prominenz war hier wertlos. Es zählte Persönlichkeit. Das Gefälle zwischen dem Klosterleben und meinem spürte ich deutlich. Trotzdem oder vielleicht gerade deswegen wollte ich die Stille auf keinen Fall verlieren, sie mir von der weißhaarigen Frau neben mir zerstören lassen erst recht nicht.

Doch sie schien meine Zugeknöpftheit nicht zu bemerken oder ignorierte sie absichtlich. „Warum sind Sie zu Gast?"

„Weil ich abschalten will", brummte ich nach einer Weile.

Wenn ich glaubte, sie mit dieser Antwort abzuschütteln,

täuschte ich mich. Im Gegenteil, die Sache war für sie unvermindert interessant.

„Abschalten wovon?", bohrte sie.

Ich wünschte, der Eimer unter dem Auslass wäre wenigstens halb voll, sodass ich ihn zu dem großen Bottich hinübertragen und von der Frau loskommen konnte, aber diesen Gefallen tat er mir nicht. Und die zwei Mönche neben mir arbeiteten schweigend, als sei nichts geschehen. Die Alte mit dem breiten Gesicht sah mich fragend an.

„Vom Alltag", sagte ich und starrte ungeduldig in den Eimer.

„Und was machen Sie im Alltag?"

Ich sah in den blauen Himmel, auf die Körbe voller Äpfel und zu dem Haus hinüber, aus dem die Frau vor zwei Minuten gekommen war und in das ich sie zurückwünschte. „Na ja", erwiderte ich schließlich, „ich hab zu Hause eine Mosterei."

Sie glotzte ungläubig. Über die Gesichter der zwei Mönche lief ein breites Grinsen. Endlich war der Eimer unter dem Auslass voller senffarbenem Fruchtsaft und ich griff nach seinem Henkel.

Nie zuvor hatte mir Apfelsaft so gut geschmeckt wie am Abend dieses Tages. Wir aßen frisches Brot, mein Rücken schmerzte und die spritzige Süße des Saftes war Genuss pur. Leise trat Bruder Ludwig an unseren Tisch. Er war nicht mit an der Presse gewesen. Jetzt beugte er sich zu Bruder Jakob hinunter, der mir schräg gegenübersaß, und sagte halblaut: „Das Krankenhaus hat angerufen. Der Gerald Dunger stirbt."

Ich wusste, dass Bruder Jakob im nahen Krankenhaus regelmäßig Patienten besuchte, deren Tage sich dem Ende zuneigten. Erschrocken warf ich ihm einen Blick zu und wartete darauf, dass er sogleich aufsprang. Doch Bruder Jakob nickte nur bedächtig, biss in seine Schnitte und kaute mit derselben Gelassenheit weiter wie zuvor. *Mensch, Jakob*, wirbelte es in meinem Kopf. *Der Gerald Dunger stirbt. Beeil dich, sonst kommst du zu spät!*

Bruder Jakob dachte offensichtlich anders. Nachdem er sein

Brot gegessen hatte, goss er sich ein halbes Glas frischen Apfelsaft ein, trank es, stand auf und schritt dann ohne Eile hinaus.

Ich stierte noch lange auf die Lehne des Stuhls, den er lautlos an den Tisch herangeschoben hatte. Wie konnte er so ruhig sein? Als Personenschützer war ich gewohnt, auf jede Bedrohung sofort zu reagieren. Und hier war einer, der im Angesicht des Todes gelassen sein Abendessen aufaß und sich nochmals einschenkte, bevor er ohne Hetze ging. Wie konnte das sein?

Als ich ihm am nächsten Tag diese Frage stellte, sah er mich lange an, bevor er antwortete. „Hektik ist niemals ein guter Ratgeber", sagte er. „Wenn Gott den Zeitpunkt bestimmt, was nützt es da, wenn ich mich hetze?" Und dann ergänzte der Mann, der schon vielen nach ihrem letzten Atemzug die Augen geschlossen hatte: „Und wenn der Tod ein weiterer Schritt zu Gott hin ist, warum sollten wir ihn dann fürchten?"

Mit dem darauffolgenden Tag ging meine Zeit im Kloster bereits zu Ende. Ich holte meine Tasche aus dem Schrank und legte meine Sachen hinein, bevor ich ein letztes Mal durch die Gänge und Hallen ging, um Abschied zu nehmen. Für einen Moment setzte ich mich in die nach St. Antonios von Padua benannte Klosterkirche. Ich dachte an das markante Magenknurren der Mönche während des Morgengebetes. Ein Lächeln überzog mein Gesicht. Völlig unberechenbar, aber mit wiederkehrender Melodie hatte es sich mal hier und mal dort gemeldet und war ein untrügliches Zeichen dafür, dass dieser Ort nicht ganz außerhalb der Welt lag.

Dass die Klosteruhren ihren ganz eigenen Takt hatten, der im Lauf der Woche unmerklich zu meinem geworden war, dämmerte mir erst auf der Rückfahrt. Während ich am Steuer meinen Gedanken nachhing, überholten mich ständig andere Autos und an der Tankstelle überforderte mich das Angebot an Schnittblumen, Zeitungen, Felgenreiniger, Kühlwasser, Getränkedosen, in Folie eingeschweißten Schokoriegeln, Kaubonbons und Kaugummis.

Wieder im Wagen, schob ich eine CD in den schmalen Schlitz unter dem Display des Autoradios. Im Kloster hatte ich mir einige Scheiben christlicher Musik gekauft und hoffte, sie würden meine Erinnerung an diese gute Zeit wachhalten. Vielleicht konnte ich so ein wenig von der Ruhe und Kraft aus Eggenfelden in mein Leben hinüberretten?

Großer Gott, wir loben dich ... Nach dem imposanten Orgelvorspiel stimmte der Chor die erste Strophe dieses mehr als zweihundert Jahre alten Kirchenliedes an. Die Sonne stand hoch am wolkenlosen Himmel. Das Innenthermometer meines Autos zeigte angenehme 22 Grad. Die Straße war in tadellosem Zustand. Ich genoss das Fahren und beobachtete, wie am Straßenrand Sträucher und Bäume vorüberhuschten.

Doch taten sie das wirklich? Lagen nicht eigentlich die sandfarbenen Felder mit ihren schweren Ähren, durch die zwei Mähdrescher wie auf Schienen glitten und die Ernte in offene Wagen warfen, – lagen nicht eigentlich sie unbeweglich da, während ich an ihnen vorüberfuhr?

Eine Frage der Perspektive. Ich schob meinen Steiß an die Rückenlehne heran und drehte die Musik lauter. „Durch dich steht das Himmelstor allen, welche glauben, offen; du stellst uns den Vater vor, wenn wir kindlich auf dich hoffen."

Ich dachte an Bruder Ludwig. Er hätte mein Vater sein können. In der letzten Woche hatte er liebevoll und aufopfernd für mich gesorgt. Er hatte geputzt, gekocht und uns das Essen auf den Tisch gestellt. Jedes Mal, wenn ich mit ihm reden wollte, hatte er ein offenes Ohr gehabt. Offiziell kostete der Aufenthalt im Kloster nichts. Kost und Logis waren durch die Arbeiten abgegolten, die wir Gäste verrichteten. Ich wollte trotzdem etwas geben, weil ich an diesem Ort so viel empfangen hatte. Also überreichte ich Bruder Ludwig bei der Verabschiedung eine kleine Spende. „Vergelt's Gott", sagte er. Und dann verbeugte er sich tief vor mir.

Ich war wie vor den Kopf geschlagen. Wie selbstverständlich war ich davon ausgegangen, dass er das Geld nehmen, es allenfalls mit einem Lächeln quittieren und in der Tasche seiner Kutte verschwinden lassen würde. Aber nein, der, für den ich einer von vielen Fremden war, die kurz im Kloster auftauchten und wieder verschwanden, der, der mir eine Woche lang aufopferungsvoll gedient hatte, der verbeugte sich vor mir. Mir kamen die Tränen.

Am Straßenrand erschien jetzt ein gelbes Schild mit den Namen verschiedener Ortschaften und Kilometerangaben. Ein schwarzer Pfeil zeigte nach links. Neben dem Pfeil stand *Bopfingen 23 Kilometer*. Ich setzte den Blinker. Es war nicht mehr weit. Schon bald würde ich wieder von einem Termin zum nächsten hetzen. Schon bald musste ich auf Gewaltausbrüche und Aggression blitzschnell die richtige Antwort finden. Bald war ich wieder von Menschen umgeben, denen nicht genug war, was sie hatten, und tauchte neu ein in das Spiel der Egoisten. Ob im Straßenverkehr, auf dem Schulhof, in Vorstandsetagen oder im Sicherheitsdienst, jeder wollte der Schnellste, Beste und Größte sein.

Ganz anders als Bruder Ludwig.

Pleiten und ein Psalm

„Wir müssten sprechen." Die Stimme meines Steuerberaters klang blechern und hohl. „Können Sie heute vorbeikommen? Es ist dringend!"

Was wollte er? Etwas an Herrn Folkerts' Tonfall verriet, dass auch er schlechte Neuigkeiten für mich hatte. Sollte heute wirklich alles zusammenkommen?

„Herr Stahl? Hallo?!"

„Ja", antwortete ich. „Ja, ich kann kommen. Ich komme gleich. In einer Viertelstunde bin ich bei Ihnen."

„In einer Viertelstunde schon", wiederholte er ungläubig. Am anderen Ende der Leitung raschelte Papier. Dann sagte er: „Ja, das passt."

„Gut", erwiderte ich. Dabei wusste ich, dass gerade überhaupt nichts gut war.

„Dann bis gleich."

„Ja, bis gleich."

Ich legte das Telefon auf den Sitz neben mir und schloss die Augen. Kathrin hatte mit der ganzen Sache hier nichts zu tun. Oder doch? Nach der Trennung von Manuela hatte ich noch mehr Jobs angenommen und dabei immer öfter Kathrin in mein Team geholt. Sie war Bodyguard wie ich und ich mochte sie. Außerdem fürchtete ich die Einsamkeit und lechzte nach der Wärme einer Frau. Bald zog ich bei ihr ein und genoss das Gefühl von Heimat, das mir ihre Nähe vermittelte. Doch schon nach kurzer Zeit bekam mein Traum von einer gemeinsamen Zukunft einen gehörigen Kratzer: Kathrin wollte partout nichts mit Manuel zu tun haben. Ich durfte ihn nicht einmal in die Wohnung hereinlassen, wenn sie selbst gar nicht da war. Wollte ich meinen inzwischen zehnjährigen Sohn sehen, blieb mir nichts anderes übrig, als ihn bei meiner Exfrau zu besuchen oder mit ihm irgendwo hinzugehen. Es war erniedrigend.

In der Stille von Eggenfelden hatte ich den Entschluss gefasst, den Spieß herumzudrehen. Ich wollte Kathrin vor die Wahl stellen: entweder Manuel *und* ich oder keiner von uns. Doch je mehr Zeit ins Land ging, umso blasser wurde mein Vorsatz und löste sich schließlich auf wie Rauch über kalter Asche.

An einem Abend im November war Kathrin gerade mit dem Duschen fertig, als ich ins Badezimmer kam, um meine Zähne zu putzen. Vorsichtig sah ich zu ihr hinüber. Ich beschloss, es ein letztes Mal zu wagen. Während sie sich mit ihrem leuchtend grünen Handtuch abtrocknete, sagte ich so beiläufig wie möglich: „Manuels Mama ist nächste Woche unterwegs und braucht einen Babysitter. Kann er vielleicht eine Nacht bei uns schlafen?"

Unsere Blicke trafen sich im Spiegel. Eisig sah sie mich an, raffte ihre Sachen zusammen und warf die Badezimmertür hinter sich zu, dass es krachte. Auch mit Worten hätte ihre Antwort nicht grausamer sein können. Ich blieb mit meinem von zwei Halogenstrahlern beleuchteten Spiegelbild allein und sah in die Augen eines tieftraurigen Mannes. Sein Anblick war kaum zu ertragen. Ich setzte mich auf den feuchten Wannenrand, umklammerte ihn mit beiden Händen und starrte auf die glatten Kacheln am Boden. Kaum hörbar tropften Tränen darauf. Ich vermisste meinen Sohn. Ich vermisste Manuel!

Als ich ging, nahm ich nichts außer meinen Klamotten und einem Klappbett mit. Die kleine Wohnung, die ich im Nachbarort fand, blieb somit fast leer. Da kam mir das Norma-Sonderangebot für aufblasbare Möbel gerade recht. „Preiswert und leicht zu transportieren", stand auf der Verpackung. Ich kaufte zwei blaue

Sessel, einen Tisch in derselben leuchtenden Farbe und eine Luft-
pumpe. Gefühlte zwei Stunden trat ich den Miniaturblasebalg,
dann sah es bei mir aus wie im Schlumpfenland.

Ich schreckte auf. Träumte ich? War ich eingeschlafen? Und
woher kamen auf einmal diese Erinnerungen? Was hatten sie hier
verloren, wo sie doch längst überholt waren? Hastig richtete ich
mich auf und sah auf die Uhr im Armaturenbrett. Seit ich mit
meinem Steuerberater telefoniert hatte, waren kaum vier Minuten vergangen. Verstört startete ich den Motor.

Wenig später erreichte ich das Büro und Herr Folkerts bat
mich herein. Er war ein hoch aufgeschossener Mann, der stets
teure Hemden trug. Heute war es ein kornblaues mit weißem Kragen und weißen Manschetten. Wir setzten uns an seinen großen
unter Papieren und Aktenordnern begrabenen Schreibtisch, aus
dem der Monitor seines Laptops herausragte wie die Steilküste
aus der wogenden See. Was wollte er mir Wichtiges sagen? Ich
hatte keine Vorstellung und wartete stumpf. Nach einer längeren
Vorrede, in der er Worte wie „Stichtagsregelung", „vorsteuerab-
zugsberechtigt" und ein paar Paragrafen erwähnte, eröffnete er
mir schließlich, dass das Finanzamt meine Steuererklärung des
Vorjahres beanstandet hatte. Ich musste mehrere Tausend Euro
an Steuern nachzahlen. Dafür hatte ich genau sechs Monate Zeit.

*Das wäre in etwa die Stelle, an der in einem Kriegsfilm der
Held tödlich verwundet zu Boden sinkt,* dachte ich zynisch. Vielleicht gönnte ihm der Regisseur noch einen finalen Blick in den
düsteren Abendhimmel. Vielleicht forderte er ihn auch auf, ein
letztes Mal in die Brusttasche zu greifen, zu den Bildern von Kind
und Frau. Zack. Da war er wieder. Schmerz durchzuckte mich
wie ein Blitz.

Leonie. Vor drei Monaten hatte ich sie zum ersten Mal gesehen
und sofort gespürt: Ihre Nähe tat mir gut. Ihre Zuneigung gab
mir Halt. Und das Beste war, sie liebte auch Manuel. Hatte Gott
meine Gebete endlich erhört? Gab er mir doch noch eine Chance

und ich würde bald eine richtige Familie haben? Um so viel Zeit wie möglich mit Leonie zu verbringen, übernachtete ich oft bei ihr. Als ich nach einigen Wochen wieder einmal in meine kleine Wohnung kam, lagen sämtliche Zeitschriften auf dem Boden verstreut. Daneben dümpelte mein Kaffeepot in einem trockenen braunen Fleck. Dem Lufttisch war die Puste ausgegangen. Mit schlaffen Beinen lag er umgestürzt auf der hellgrauen Auslegware. Bald zog ich endgültig zu Leonie. Sie war fünf Jahre älter als ich und hatte selbst einen kleinen Sohn. Wir waren glücklich und wollten ein gemeinsames Leben wagen.

Doch seit zwei Stunden war auch das Geschichte.

Gestern Abend hatte sie ihrem Vater von uns erzählt. Heute Morgen berichtete sie mir von seiner Reaktion. „Du kannst gern mit jedem Mann zusammen sein. Aber nicht mit dem Sohn des stadtbekannten Trinkers." In etwa so hatte er es formuliert. Vielleicht auch härter und sie wollte mich nur schonen. Was sie mir nicht ersparte, war die vom Vater angeordnete Trennung.

„Herr Stahl", holte mich der Steuerberater aus meinen Gedanken und sah mich von unten herauf an, „wir bekommen das hin."

„Ja", antwortete ich leise.

Zum Abschied drückte er meine Hand fest, was mir wohl Zuversicht geben sollte. Benommen wankte ich aus seinem Büro und kehrte in mein Auto zurück. Im Kofferraum und auf dem Rücksitz stapelten sich meine Habseligkeiten, wieder einmal. Den Zündschlüssel herumzudrehen, dafür reichte die Kraft nicht. Mein Kopf sank aufs Lenkrad. Jetzt hätten die Tränen kommen dürfen. Doch sie blieben verborgen, obwohl ich randvoll gefüllt war mit Trauer, Schmerz und Zorn.

„Jetzt habe ich wieder eine Familie verloren", schrie ich zu Gott. „Ich habe einen Arsch voll Schulden und nicht einmal ein Dach über dem Kopf. Ich bin da, wo ich schon immer war. Allein. Von allen verlassen!"

Jemand ging an meinem Auto vorüber. Ich hoffte, dass er mich nicht kannte, und presste meine Stirn auf das schwarze Lederimitat des Lenkrads.

„Bist du wirklich gut? Wenn du ein liebender Gott bist, warum merke ich das nicht? Und warum geht es denen, die sich einen feuchten Kehricht um dich scheren, zehnmal besser?"

Keine Antwort. Keine Stimme. Stille.

Einen Platz zum Schlafen zu finden, war vorerst mein dringendstes Problem. Klar konnte ich in die Sportschule gehen. Aber ich hatte schon zu oft nach dem Training so getan, als packte ich meine Sachen und ginge nach Hause, nur um zehn Minuten später wieder hineinzuschleichen wie ein Dieb.

Schließlich fuhr ich zu Mutter, die seit acht Jahren getrennt von Vater lebte.

Um meine Schulden abzutragen, nahm ich weitere Jobs an. Übers Wochenende war ich ohnehin meist als Personenschützer unterwegs. An den anderen Tagen unterrichtete ich in der Sportschule und stand hin und wieder an der Tür des *Tanzpalasts*. Zusätzlich arbeitete ich jetzt nachts im Objektschutz. Zwischen 22 und sechs Uhr musste ich drei Mal um ein leer stehendes Einfamilienhaus mit großem Garten, ein Fabrikgebäude und eine Lagerhalle außerhalb des Ortes herumlaufen. Entdeckte ich etwas Verdächtiges, hatte ich nachzusehen und im Ernstfall in der Zentrale Verstärkung anzufordern. Zwischen den Touren schlief ich für ein paar Minuten im Auto. Je länger es stand, umso kälter wurde es, und ich freute mich der Müdigkeit zum Trotz auf die nächste Runde.

Es war in einer dieser Nächte kurz vor drei Uhr, als ich zwischen der zweiten und der dritten Runde das Innenlicht anknipste, mich zum Beifahrersitz hinüberlehnte und im Handschuhfach meine Konfirmationsbibel ertastete. Ohne besonderen Grund hatte ich sie ein paar Tage zuvor dort deponiert. Ziellos blätterte ich nun in den durchscheinenden Seiten, als mir auf der rechten Seite eine große 73 ins Auge fiel, die einen Psalm bezifferte.

„Gott ist dennoch gut zu Israel", las ich, „zu allen, die reinen Herzens sind. Ich aber wäre fast gestrauchelt mit meinen Füßen; mein Tritt wäre beinahe abgeglitten. Denn ich ärgerte mich über die Prahler, als ich sah, dass es den Gottlosen so gut ging. Denn sie sind in keinerlei Todesgefahr, gesund und wohlgenährt ist ihr Leib. Sie erleiden kein Unglück wie andere" – also wie ich – „und werden nicht wie andere Menschen geplagt. Darum umgibt sie Hochmut wie eine Kette den Hals, Gewalt umhüllt sie wie ein Gewand."

Oh, ich hatte viel Gewalt erlebt, zu Hause, in der Schule, im Sicherheitsdienst. Was hier stand, war für mich hochaktuell. Was hatte der Psalmschreiber wohl erlebt, dass er mir so unmittelbar aus der Seele sprechen konnte? „Sie brüsten sich wie ein fetter Wanst, sie tun, was ihnen gerade einfällt. Sie verachten alles und reden böse davon. Reden und lästern von oben herab. Was sie reden, das soll vom Himmel herabgeredet sein, was sie sagen, das soll auf Erden gelten. Darum wendet sich ihnen das Volk zu und läuft ihnen in Strömen nach wie Wasser. Sie sagen: Was sollte Gott danach fragen? Wie sollte der Höchste etwas wissen? Siehe, das sind die Gottlosen; die sind glücklich in der Welt und werden reich. Soll es denn umsonst sein, dass mein Herz unsträflich lebt und ich meine Hände in Unschuld wasche?"

Das traf meine Stimmung zu hundert Prozent. Ja, was nützte es, im Kloster fromme Lieder zu singen? Was nützte es, Gott mit Bitten und Gebeten zu bestürmen? Es ging ja doch alles in die Brüche! Frau und Familie waren wieder einmal dahin. Ich hatte keine feste Bleibe. Das Einzige, worauf Verlass war, war mein Schuldenberg. Der würde mich so schnell nicht verlassen. Um ihn loszuwerden, saß ich in Nächten wie dieser im kalten Auto und wärmte mich an den Gedichten depressiver Leute. So weit war ich also gekommen. Doch das Schlimmste war, dass ich mich von ihnen auch noch verstanden fühlte. Das konnte kein gutes Zeichen sein.

„Und ich bin täglich geplagt und meine Strafe ist alle Morgen da." Ich hätte es nicht treffender formulieren können. „Dennoch bleibe ich stets an dir; denn du hältst mich bei meiner rechten Hand, du leitest mich nach deinem Rat und nimmst mich am Ende mit Ehren an. Und wenn ich nur dich habe, so frage ich nicht nach Himmel und nach Erde. Und wenn mir auch Leib und Seele verschmachtet, so bist du doch, Gott, jederzeit meines Herzens Trost und mein Teil. Denn siehe, die von dir weichen, werden umkommen; du bringst alle um, die dir die Treue brechen. Aber das ist meine Freude, dass ich mich zu Gott halte und meine Zuversicht auf den Herrn setze und all deine Taten verkündige."

Woher kam diese plötzliche Wendung? Warum warf der Kläger sich dem eben noch heftig Beklagten so unvermittelt an die Brust?

Ich las den Text noch einmal. Las ihn wieder und wieder. Ich wusste nicht warum, doch mit jedem Mal stimmte mein Herz den letzten Versen mehr zu. Der sie geschrieben hatte, saß nicht auf dem hohen Ross. Ihm ging es wie mir. Er verstand mich. Und zugleich wusste er, dass die Lösung nicht darin bestand, sich den Kopf zu zermartern. Er lenkte meinen Blick auf den, der größer war als alles. Auf den, den ich nicht verstand und der sich trotz seiner Größe nicht zu gut war, sich um mich zu kümmern.

Und nicht nur das. Plötzlich stand mir das Kruzifix in *Maria Heimsuchung* vor Augen. Ich hatte es als Kind hundertfach betrachtet und auf einmal wusste ich wieder: Er war sich nicht zu gut, am Kreuz für meine Sünden zu sterben. Und hatte er mir damals nicht auch vom Bahndamm heruntergeholfen?

„Wenn du mein Leben umkrempelst und mir hier raushilfst, Gott", sagte ich leise und griff nach dem Schlüssel im Zündschloss, „dann will ich dich loben und ehren. Dann will ich der Welt sagen, dass du das warst."

Mein Engel

Etwa ein Jahr nachdem ich meine Steuernachzahlung beglichen hatte, durfte ich Muhammad Ali bei einem ARD-Boxkampf zum zweiten Mal beschützen. Diesmal saß er auf einem der knapp zwölftausend Stühle in der Berliner Max-Schmeling-Halle, während seine Tochter Laila Ali in den Ring stieg und die Schwedin Asa Sandell in der fünften Runde durch ein technisches K.o. bezwang. Bevor der Kampf begann, drehte Ali, von vier Bodyguards flankiert, in einer Art Mini-Papst-Mobil eine Ehrenrunde durch die Halle.

Die Stimmung war gigantisch. Tausende standen von ihren Sitzen auf und feierten den alten Mann, der sie mit gebeugtem Rücken und zitternden Händen grüßte. Die Leute applaudierten, trampelten und jubelten Ali zu, als wäre er der noch immer amtierende Weltmeister oder der neue Bundeskanzler. Ich war überwältigt und spürte Tränen in mir aufsteigen. Ja, ich hätte heulen können, aber das ging nicht, denn ich war einer der vier Bodyguards unmittelbar um Ali herum. Obwohl die Leute ihrem Idol zujubelten, sahen sie auch mich. Und irgendwie hatte ich das Gefühl, sie meinten auch mich. Das war natürlich Quatsch, machte mich aber trotzdem stolz. Als das Spektakel vorüber war, sagte ich mit einem Augenzwinkern zu meinem Team: „Jetzt fehlt in unserer Promi-Liste nur noch der Papst."

Und tatsächlich! Kurz darauf bekam ich einen Anruf vom diplomatischen Dienst des Vatikans, der die päpstlichen Interessen außerhalb Italiens vertritt. Für September 2006 sei ein Deutschlandbesuch des Heiligen Vaters geplant, sagte mir der Mann am anderen Ende der Leitung. Ob ich mir vorstellen könne, in dieser Zeit das engste Umfeld des Papstes zu beschützen.

Das war alles andere als eine alltägliche Frage und meine Antwort darauf glasklar! Das geforderte 17-köpfige Team hatte ich schnell zusammengestellt. Keiner wollte sich dieses Großereignis entgehen lassen. Bevor wir jedoch den endgültigen Zuschlag erhielten, absolvierte ich eine Reihe Gespräche mit dem diplomatischen Dienst des Papstes. Jetzt kam mir zugute, dass ich Pfarrer Riedle in der Flochberger Kirche immer aufmerksam beobachtet hatte und mir einige katholische Gepflogenheiten gut vertraut waren. Außerdem drehten wir ein Video von unserem Training, womit wir präsentierten, wie wir blitzschnell Schutzpersonen aus Gefahrenzonen herausbringen konnten. Eine Kommission begutachtete den Film und wir bekamen den Auftrag.

Der Papst würde erst in einigen Monaten in München deutschen Boden betreten. Dennoch begannen wir schon bald mit den konkreten Vorbereitungen. Besonderes Augenmerk legte ich beim Training auf kontrolliertes Agieren. Mussten wir eingreifen, sollte das so effektiv wie möglich geschehen. Und ohne dass die aus aller Welt angereisten Kamerateams hektische Bilder auf die Bildschirme übertrugen.

Damit wir auch sonst nicht negativ auffielen, schulte uns ein extra dafür abgestellter Mitarbeiter des diplomatischen Dienstes in Sachen Protokoll und Etikette. Wir lernten, dass in Anwesenheit des Papstes und seines Gefolges das *Spanische Hofprotokoll* gilt. Keiner von uns hatte diesen Begriff zuvor gehört. Erst recht wussten wir nicht, was sich dahinter verbarg. Wir kannten uns im Showbusiness aus. Doch das hier war Neuland für uns. Jetzt lernten wir, dass wir in ein Wurstbrot nicht einfach hineinbeißen konnten, sondern es mit Messer und Gabel essen sollten, und dass für Bananen dasselbe galt. Bis auf welche Höhe wir die Socken ziehen sollten, damit beim Knien keine freie Haut sichtbar würde. Dass bei der Ehrerbietung vor einer weltlichen Hoheit das linke Knie den Boden berührt, vor einer geistlichen Hoheit das rechte und so weiter. Es hagelte so viele Regeln auf uns herab, dass wir sie unmöglich alle korrekt befolgen konnten.

Für den Papstbesuch gab es unglaublich viel zu organisieren und vorzubereiten. Die Mitarbeiter des diplomatischen Dienstes reisten dafür quer durch ganz Deutschland. Auch dabei durften wir sie begleiten und beschützen.

Jonas Wuchter war Sekretär der Protokollabteilung und bewegte eine Körperfülle, die seinem Namen alle Ehre machte. An einem trüben Märztag fuhr ich ihn zu einer Besprechung im Innenministerium nach Berlin. Da mein elf Jahre alter Ford Mondeo dafür nicht standesgemäß war, bekam ich einen schwarzen Audi A8 mit blitzenden Metallfelgen. Was für ein genialer Wagen! Manche Leute bezahlten viel Geld dafür, so ein Geschoss für ein paar Stunden zu mieten. Und ich bekam den nahezu neuen Audi auf Wochen hinaus als Arbeitsmittel. Da gab es Schlimmeres …

Als ich das Auto über die A9 steuerte, hingen die Wolken bis auf die fränkischen Bergkuppen herab. Das Licht war trüb, die Sonne hatte sich seit Tagen nicht mehr blicken lassen. Trotzdem war ich bester Laune. Beschwingt schwebte ich über die kurvenreiche Strecke nach Norden, während Sekretär Wuchter auf der Rückbank selig schnarchte. Unmöglich konnte ich die zahllosen technischen Raffinessen dieses Autos ungenutzt lassen. Vergnügt inspizierte ich das Display, drückte hier, drehte dort, justierte da und stellte schließlich Wuchters Sitzheizung auf Stufe 6. Als er einige Minuten später erwachte, mit rotem Kopf und gut gewärmtem Allerwertesten, lachten wir gemeinsam über diesen dummen Spaß und waren wenig später per Du.

Der schicke Wagen zog auch die Blicke der Bopfinger auf sich. Schon bald kursierten wilde Gerüchte im Ort. Für meinen neuen Wohlstand gab es die abenteuerlichsten Erklärungsversuche. Alle hatten gemein, dass hier etwas nicht mit rechten Dingen zugehen konnte. Obwohl mir klar war, dass neben der Neugier eine gehörige Portion Neid im Spiel war, konnte mir das Gerede nicht egal sein. Ich unterrichtete Selbstverteidigung und brauchte für jeden neuen Kurs auch neue Schüler. Aber welche Eltern würden ihre Kinder von einem Kleinkriminellen trainieren lassen?

Als ich das nächste Mal mit dem päpstlichen Sekretär unterwegs war, erzählte ich ihm von meinem Problem.

„Jonas, meine Sportschule lebt davon, dass mir die Leute vertrauen", erklärte ich. „Jetzt fahre ich mit diesem super Auto für eine halbe Million Euro durch die Gegend und die Leute reden nur noch darüber, woher ich das Geld habe. Das geht so nicht."

Ein Woche später fuhr Jonas Wuchter höchstpersönlich mit Chauffeur und Bentley vors Rathaus. Ohne Voranmeldung marschierte er hinein, wünschte, den Bürgermeister zu sprechen, und wurde sofort vorgelassen. Der Bürgermeister versprach kurzerhand, eine Pressemitteilung zu veranlassen. Er fühle sich geehrt und sei sehr stolz, dass Bürger seiner Stadt beim Papstbesuch für Sicherheit sorgen dürften, versicherte er dem päpstlichen Sekretär. Es dürfe nicht sein, dass sie deswegen ins Gerede kämen.

Schon am übernächsten Tag erschien im *Schwäbischen Boten* ein Artikel über unseren bevorstehenden Auftrag. Von da an hatte ich bei den älteren Damen einen Stein im Brett. Während ich sie im schwarzen Audi eine Runde durch die Stadt fuhr, konnten sie vor Aufregung kaum stillsitzen und fragten immer wieder mit heller Stimme: „Und in diesem Auto hat wirklich schon der Papst gesessen? Genau auf meinem Platz?"

Dass der Beitrag in der Zeitung von vielen gelesen worden war, merkte ich auch, als ich kurz nach seinem Erscheinen eine Nachricht auf meinem Anrufbeantworter vorfand. Eine angenehme Frauenstimme sagte, dass sie den Artikel über unsere Arbeit gelesen habe und sich gern mit mir treffen würde.

Ich hörte die Nachricht ein zweites Mal ab. Die Stimme klang durchaus sympathisch. Allerdings fragte ich mich, was für eine

Frau das sein mochte, die auf einen Zeitungsartikel hin bei einem wildfremden Mann anruft, um ihn kennenzulernen. Wollte hier nur die Nächste im Papstauto mitfahren oder musste ich mit der Verzweiflungstat einer alten Jungfer rechnen, die ihre Stimme verstellt hatte und sich bei der ersten Begegnung als rostige Schreckschraube entpuppte? Aber gut, als Trainer für Selbstverteidigung, der in dieser Disziplin bereits vier Weltmeister großgezogen hatte, konnte ich das Wagnis eingehen. Ich wählte die Nummer, die sie genannt hatte, und wir vereinbarten für den kommenden Montag um 18 Uhr ein Treffen in der Sportschule.

Der 21. August war ein sonniger Tag. Die Vorbereitungen für den Papstbesuch liefen auf Hochtouren. Ich musste Papierkram erledigen, die Trainingseinheiten planen, hatte alle Hände voll zu tun und durfte kein noch so kleines Detail vergessen. Parallel dazu musste auch das normale Leben mit Wäsche waschen, Wohnung putzen und Essen einkaufen weitergehen. Kurz vor der vereinbarten Zeit ging ich in den Supermarkt unweit der Sportschule. Dort war es angenehm kühl. Ich füllte meinen Einkaufswagen mit Gurken, Tomaten und Brot, legte Ravioli, Reis und Nudeln dazu, griff zwei in blassklares Plastik eingeschweißte und mit einem schmalen Folienstreifen als Henkel ausgestattete Sechserpack Mineralwasser, stellte sie auf die leicht geneigte Ablage zwischen den Rädern des Wagens und steuerte zur Kasse.

Nachdem ich meinen Einkauf im Auto verstaut hatte, ging ich zur Sportschule hinüber. Ich hatte keine Erwartung an das Treffen und war dennoch neugierig. Als ich die Straße eben überquerte, schoss wie aus dem Nichts ein blauer VW Polo um die Ecke. Er tauchte so unvermittelt auf, dass er mich voll erwischt hätte, wenn ich nicht abrupt stehen geblieben wäre. Missmutig sah ich dem kleinen Auto nach, während es auf den Parkplatz vor dem Supermarkt einbog. Kaum war es zum Halten gekommen, öffnete sich die Fahrertür. Eine Frau stieg aus. Sie sah sich um, lachte, als sie mich entdeckte, und lief geradewegs auf mich zu.

Das musste mein Date sein. Die schlanke junge Frau lächelte noch immer. Und wie sie lächelte. Offen. Frei. Ehrlich. Herzlich. Ein bisschen frech. Lebensfroh und voller Energie. Sie leuchtete. Meine schwarzmalerischen Erwartungen waren auf einen Schlag ins Gegenteil verkehrt und doppelt übertroffen. Wie in Zeitlupe sah ich sie auf mich zukommen und reichte ihr zur Begrüßung die Hand.

„Sandra", sagte sie, während ich ihre warme Hand in meiner spürte. „Wir haben telefoniert."

„Ja", sagte ich hölzern. Und weil mir nichts Besseres einfiel: „Du wolltest die Sportschule sehen?"

Es war, als schwebte sie durch die Räume und die Treppe hinauf in den Trainingsraum. Ich erzählte von den Anfängen der Sportschule im *Grünen Baum* und der Präsentation im *Tanzpalast*. Berichtete von den Startschwierigkeiten in diesem Haus und dass mein Traum beinahe geplatzt wäre. Unverwandt sah sie mich an. Ich gab viel mehr von mir preis, als wenn ich sonst Besucher herumführte. Was war das? Wollte ich sie beeindrucken? Obwohl ich seit mehr als zehn Jahren in diesem Raum trainierte und jeden Winkel kannte, fiel mir auf einmal auf, wie viele Spiegel an den Wänden hingen. Egal in welche Richtung ich guckte, überall sah ich sie. Ihre Jeans saß perfekt. In kraftvollen Wellen flossen ihre braunen Haare auf die cognacfarbene Lederjacke hinab, die sie über ein eng anliegendes Shirt gezogen hatte. Rechts und links von ihrem strahlenden Lächeln funkelte ein heller Stein an jedem Ohr.

Schließlich stiegen wir die Treppe wieder hinunter. Sie folgte mit leichten Schritten dicht hinter mir und mich umfing ein heiter-fruchtiger Duft. Keck und unverhofft wehte er heran. In meiner Nase blieb eine milde Süße wie von Pfirsichblüten.

„Magst du einen Apfelsaft?" Gern hätte ich ihr ein edleres Getränk angeboten. Doch im Bistro hatten wir nur Wasser und Saft, was mir in diesem Moment recht armselig vorkam. Ich ging hinter die Theke. Sie sollte nicht sehen können, wie ich das Tetrapak mit der Hand aufriss. „Dankeschön", sagte sie, nachdem ich das hohe Saftglas vor ihr auf den Tisch gestellt hatte, und lächelte mich freundlich an. Als das Glas ihre Lippen berührte, schloss sie die Augen und nahm ein paar Schlucke. Für einen Moment konnte ich sie ungestört beobachten. Wie schön sie war!

Wir plauderten, als würden wir uns seit Jahren kennen. In Windeseile wuchs eine Vertrautheit zwischen uns, wie ich sie nie zuvor erlebt hatte. Wir entdeckten unzählige Gemeinsamkeiten. Die Sehnsucht nach einem lieben Menschen, die Gebete, Gott möge ihn schicken, der Spaß an Bewegung. Sogar unser Geburtsdatum war identisch, wenn man vom Jahr absah. Wir hatten kaum 15 Minuten miteinander gesprochen, da war ich mir sicher: Diese Frau will ich heiraten.

Ich war gerührt, aufgewühlt, durcheinander und glücklich.

Ein Engel war zu mir gekommen – mein Engel.

Durch das Fenster sah ich Stephan den schmalen Weg auf den Eingang zulaufen. Bald würden auch die anderen der Montagsrunde zum Training kommen. Über den bevorstehenden Papstbesuch hatten wir noch nicht gesprochen. Sandra wusste ja aus der Zeitung davon. Schnell erklärte ich ihr jetzt, dass wir uns derzeit mit einem speziellen Training darauf vorbereiteten. Für heute hatte ich geplant, auf dem Schlossberg zu trainieren.

„Wenn du magst, kannst du mitkommen", erklärte ich und versuchte mir nicht anmerken zu lassen, wie viel mir an ihrem Ja lag. Kurz darauf saß sie im kugelsicheren A8 neben mir.

Nach dem Training lud ich sie zu mir ein. Wir lachten und redeten die halbe Nacht und waren von da an ein Paar.

Ich lag noch lange wach. Abwechselnd dachte ich an Sandra und dankte Gott. Ich wusste, er hatte meine Gebete erhört.

Wir hatten vereinbart, während des Papstbesuches nicht zu telefonieren, damit ich mich voll und ganz auf meine Arbeit konzentrieren konnte. Das war zwar keine Garantie, dass ich das auch schaffte, aber wir hielten uns an die Abmachung. Während der gesamten Rückfahrt war ich in Gedanken schon bei ihr. Endlich angekommen, traf ich Sandra im *Restaurant zum Kreuz*. Es war so schön, ihre funkelnden Augen zu sehen. Es tat so gut, die Erlebnisse mit ihr zu teilen. Gemeinsam mit ihr schien alles noch fantastischer.

Ich erzählte Sandra vom Abschlussgottesdienst des päpstlichen Deutschlandbesuches auf dem Islinger Feld in Regensburg. 300 000 Leute waren zusammengekommen und hatten wie aus einem Munde *Großer Gott, wir loben dich* gesungen. Mir war ein Schauer über den Rücken gelaufen, als ich die vielen Menschen um mich her beobachtete und zugleich wusste, dass ich nur einen Bruchteil der Menge überblickte. Es war überwältigend. Auf Volksfesten hatte ich landauf, landab erlebt, wie zehn Angetrunkene ein ganzes Bierzelt verwüsteten. Und hier standen 300 000 zusammen und gaben Gott einmütig die Ehre. Es war so erhebend, dass ich am liebsten mitgesungen hätte. Aber das ging natürlich nicht.

Ich erzählte Sandra, wie ich kurz vor einem Gottesdienst in München nur zwei Meter vom Papst entfernt gestanden hatte, während er sich mit einem Bischof unterhielt. Sein gütiger Gesichtsausdruck, der echte Bescheidenheit widerspiegelte, hatte mich tief beeindruckt. Der Papst strahlte eine unglaubliche Würde aus und war den Menschen zugleich liebevoll zugewandt.

Ich erzählte Sandra von der Fahrt mit dem Bruder des Papstes, Georg Ratzinger. Wir waren auf dem Weg zur Segnung der Papstwiese auf dem Islinger Feld. Auch auf mein Bitten und Drängen hin wollte er sich nicht anschnallen. Er hatte wohl Sorge, sein festliches Kleid zu zerknittern. Auch mein Hinweis, dass ich für seine Sicherheit verantwortlich sei, ließ ihn nicht einlenken. Es kam, wie es kommen musste: Ein aus einer Seitenstraße einbiegendes Auto nahm uns die Vorfahrt, ich bremste scharf und sah im Rückspiegel, wie der Herr Ratzinger aus dem Sitz gehoben wurde. Seine Nase kam der Nackenstütze vor ihm bedrohlich nahe, ehe er ins Polster zurückfiel. Ich atmete erleichtert auf, dass es keinen Zusammenstoß gegeben hatte, als ich unter dem Wirrwarr aus Stoff und Haaren die dünne Stimme des Papstbruders hörte: „Sachte, sachte, meine Herren."

Ach, wie ich Sandras herzliches Lachen liebte.

Neuer Krach

Als Mutter ihn aus der Wohnung geworfen hatte, war mein Vater in eine kleine Stube im Gasthof *Zum Bären* gezogen. Jahre zuvor hatten hier unsere Wochenendfamilienausflüge geendet, was selten genug vorgekommen war. Während die Erwachsenen in der Wirtsstube saßen, tobte ich mit den anderen Kindern durchs Haus oder stieg auf den Walnussbaum im Hof, aus dem ich an einem schönen Spätsommertag herunterfiel wie eine reife Nuss und mir den rechten Arm brach. Die Wirtsfrau hatte mich damals von meinem Vater unbemerkt ins Krankenhaus gebracht. „Hättest du halt besser aufgepasst", war alles, was er sagte, als ich mit meinem schweren weißen Gipsverband wieder vor ihm stand.

Jetzt wohnte Vater in dem Zimmer über der rostgelben Bärenfigur, die das Portal des mintgrünen Hauses schmückte. Er lebte immer noch von Sozialhilfe, musste nun aber nicht einmal mehr aus dem Haus, um an sein Bier zu kommen. Dank der vom Amt gestellten Freifahrkarte reiste er durch Deutschland, wie es ihm gerade in den Sinn kam. Am liebsten fuhr er ins Allgäu oder nach Garmisch Partenkirchen, denn er liebte die Berge. Manchmal sah ich ihn über Wochen nicht. Dann wieder begegneten wir uns alle drei oder vier Tage. Nicht, dass wir uns regelmäßig besucht hätten, das ganz bestimmt nicht. Wir trafen uns zufällig, auf dem Marktplatz, in der Hauptstraße, im Park, oder er ging vor mir über die Straße, während ich im Auto auf grünes Ampellicht wartete.

Die Begegnungen mit Vater waren mir fast immer unangenehm und peinlich. Er war oft angetrunken und ließ seinem Frust über Gott und die Welt in seinem markanten Dialekt lautstark freien Lauf. Erst recht, wenn er Leute traf, die er kannte und denen er – seiner Meinung nach – in irgendeiner Form eine Mitschuld an seiner misslichen Lage geben konnte. Wenn ich ihn von Weitem sah, bog ich meist in eine Seitenstraße ab oder verschwand schnell in einem Geschäft.

Es war kalt und neblig in der Stadt, als ich ihn ein paar Tage nach Silvester auf dem Weg zur Sparkasse traf. Ich hatte das Kinn in meinem Kragen vergraben. Auf dem Bürgersteig spritzte der Schneematsch unter meinen gefütterten Schuhen zu beiden Seiten davon.

Da stand er plötzlich vor mir.

Ich hatte wenig Zeit und keine Lust auf ein Gespräch.

„Gesundes neues Jahr", sagte ich.

„Bei der bescheuerten Kälte", entgegnete er missmutig. „Da schickt man keinen Hund vor die Tür. Zum Kotzen, so was."

„Und warum bist du trotzdem hier?", war das Erste, was mir einfiel. Dass diese Frage doppelsinnig war, bemerkte ich erst, als ich sah, wie sich der Gesichtsausdruck meines Vaters schlagartig veränderte.

„Was hast du gesagt?"

Er sah mich von schräg unten mit zusammengekniffenen Augen an. Natürlich redete er auch heute wieder so laut, dass die Leute im Umkreis von zwanzig Metern jedes Wort verstehen konnten. Wie ich solche Szenen hasste!

„Nichts. Schon gut, ich muss weiter."

„Geschumpfen hast du mich! Das brauch ich mir nicht bieten lassen! Nicht von dir." Jetzt kam er erst so richtig in Fahrt. „Denkst, du bist was Bess'res, he?", knurrte er und fuchtelte dabei wild mit den Armen. Unter der offenen Jacke sah ich auf seinem blassbraunen Pullover zwei dunkle Flecken auf Bauch und

Brust. „Und mir gibst du so alte Plätzchen. Ist das vielleicht ein Weihnachtsgeschenk? Eure blöden Kekse könnt ihr alleine fressen!" Wut glühte in seinen Augen.

Ich hatte beim Adventskaffeetrinken mit Sandras Familie zusammengesessen und ihre Kekse gelobt. Da meinte ihr Vater, dass sie meinem Vater sicherlich auch gut schmecken würden. Obwohl es mich in diesem Moment gewaltig störte, dass mein Vater durch diese Bemerkung Teil unserer gemütlichen Atmosphäre wurde, die ich so unbeschwert genoss, ließ mich diese Bemerkung nicht mehr los. Einen Tag vor Weihnachten war ich in den Gasthof *Zum Bären* gegangen, hatte meinem Vater eine Flasche Rasierwasser und eine Tüte Plätzchen überreicht und er hatte beides gern genommen.

Jetzt standen wir uns im Schneematsch gegenüber und die Gedanken in meinem Kopf überschlugen sich. Seit mehr als 30 Jahren ließ ich mich von ihm demütigen und verhöhnen und hatte mich sogar beinahe daran gewöhnt. Aber gerade war ich dabei, ein neues Leben zu beginnen, und mir war klar, dass ich eines nicht zulassen durfte: Er durfte Sandra da nicht mit hineinziehen. Auch nicht ihre Kekse.

Ohne ein Wort ging ich weiter.

Mein Herz war in Aufruhr.

Die Tage vergingen. Der Schnee schmolz und bald steckten die Schneeglöckchen ihre Köpfe aus der weichen Erde.

Der fünfte Mai war als Datum gut zu merken und in diesem Jahr ein Freitag. Das passte perfekt für unsere Hochzeit. Als Sandra und ich die Einladungen verschickten, war mir klar, dass Vater keine bekommen würde.

Ich war sogar ein wenig erleichtert, dass er mich wegen der Kekse derart angegangen hatte. Da war die Sache wenigstens eindeutig. Wir luden Mutter zur Feier ein und ihn nicht. So konnte er uns das Fest nicht verderben und uns blieben die Peinlichkeiten erspart, die ihn umgaben wie Wespen einen Obstkuchen.

Pfarrer Rau traute uns in der gelb abgeputzten Flochberger Dorfkirche. Als Bub war ich hier oft zum Seiteneingang hinein- und hinausgehuscht. Heute schritt ich Hand in Hand mit meiner Braut die Vorplatzstufen hinauf, während uns ihre weite Schleppe gefällig folgte und das Weiß ihres trägerlosen Korsagenkleides mit den Callas im Brautstrauß um die Wette strahlte.

Die Türen des Hauptportals standen weit offen. Dicht hinter den Blumenkindern gingen wir an dem liegenden Jesus vorbei, dessen Wunden ich so oft befühlt hatte. Als wir das Hauptschiff betraten, suchten meine Augen den Gekreuzigten an der gegen- überliegenden Wand. Ich war ihm unendlich dankbar. Er hatte mein Leben geprägt und zum Guten geführt. Den verlachten und gedemütigten Jungen tröstete er und gab ihm neue Zuversicht. Dem rastlosen Mann schenkte er die schönste Braut, die er sich denken konnte.

Ich sah zu Sandra hinüber. Perle an Perle schmiegte sich die Kette um ihren schlanken Hals. Ihre zusammengerafften Haare gaben den Blick auf die hellen Perlohrringe frei. In ihren dunk- len Haaren funkelte ein strassbesetztes Diadem. Wie schön sie war. Wie toll sie sich für mich geschmückt hatte. Wie sehr ich sie liebte.

Die Feier sollte im Hotel *Zum Sonnenwirt* stattfinden. Gefolgt von unseren Gästen fuhren wir unter lautem Hupen in einer lan- gen Kolonne dorthin. Beim *Sonnenwirt* angekommen, drehten wir vor den neugierigen Blicken der Passanten noch eine Runde durch die Altstadt und hielten schließlich auf dem im Hof gele- genen Parkplatz.

Als wir den *Sonnenwirt* zum ersten Mal passierten, ent- deckte ich auf dem Bürgersteig der gegenüberliegenden Stra- ßenseite einen Mann, dessen Profil mir sehr vertraut war. Dort vor der *Rats Apotheke* stand mein Vater. Auch er beobachtete die vorübergleitende Reihe geschmückter Autos. Schnell sah ich zur anderen Seite hinüber. Mein Blick traf auf Sandras und ich lächelte, obwohl mir gar nicht danach zumute war. War Vater zufällig hier? Die Entscheidung, ihn nicht einzuladen, hatte ich vehement verteidigt. Auf einmal schien sie mir höchst fragwürdig. Gehörte ein Vater nicht an die Hochzeitstafel seines Sohnes? Sollte er nicht zwischen seiner Frau und der Braut sitzen?

Als der Konvoi den *Sonnenwirt* zum zweiten Mal erreichte, stand Vater noch immer da. Es versetzte mir einen Stich. Im Hof öffnete ich Sandra die Wagentür und führte sie mit eiligen Schritten an der freundlich lächelnden Bedienung vorbei in den geschmückten Saal.

Zimmer Nr. 5

Seit unserer Hochzeit waren einige Wochen vergangen. Die Geschenke waren längst ausgepackt und alle Grußkarten beantwortet. Sandra hatte die Fotos von der Feier in das extra dafür gekaufte, in dunkles Leder eingeschlagene Album geklebt und wir blätterten gern darin. Sandra und ich vor der Flochberger Dorfkirche. Sandra und ich vor dem Altar. Freunde und Verwandte. Das geschmückte Hochzeitsauto an der Spitze des Korsos. Gratulation. Kaffeetrinken im *Sonnenwirt*. Wir inmitten der Traube unserer Gäste. Porträts fröhlicher Gesichter. Feier und ausgelassener Tanz. Alles war festgehalten und eine traumhafte Erinnerung an einen wundervollen Tag.

Nur ein Motiv fehlte. Im gesamten Album gab es kein Bild von meinem Vater.

Beim Blättern hatte ich ihn dennoch vor Augen. Die Szene an der Apotheke hatte sich mir eingebrannt. Sie rumorte in meinem Kopf und schmerzte in meinem Herzen.

Ich sah Vater wieder, als ich an einem Montag auf dem Weg zur Sportschule durch die Stadt fuhr. Er stand auf dem Bürgersteig und betrachtete die Auslage in einem Schaufenster. Obwohl ich ihn nur von hinten sah und parkende Autos ihn halb verdeckten, erkannte ich ihn sofort an seiner graubraunen Baseballmütze.

Was, wenn er stirbt?

Plötzlich war dieser Gedanke in meinem Kopf. Er tauchte so unvermittelt auf wie ein Schneeschauer im April. Aber er verzog sich nicht. Er blieb.

Was, wenn er stirbt?

Wenn Vater jetzt sterben würde, dann wäre die Hochzeit, zu der ich ihn weder eingeladen noch ihn hereingebeten hatte, als er vor der Tür zum Festsaal stand, meine letzte Erinnerung an ihn. Dieser Gedanke machte mir Angst.

Ich war zwischenzeitlich zweimal abgebogen und mein Vater längst außer Sichtweite. Bei der Sportschule angekommen, schaltete ich den Motor aus. Regungslos blieb ich im Wagen sitzen und sah vor mich hin.

Die Vorstellung, am Grab meines Vaters zu stehen und dabei vor Augen zu haben, wie er während meiner eigenen Hochzeit draußen vor der Tür steht, war unerträglich. Aber was konnte ich tun?

Konnte zwischen uns jemals Frieden werden? Dass einer dafür den ersten Schritt machen musste, war eine Binsenweisheit. Genauso einleuchtend war, dass Vater den von mir nicht erwarten konnte. Nach allem, was die Jahre über passiert war. Die Sache mit Sandras Keksen bildete nur die sprichwörtliche Spitze jenes Eisberges, der über die Jahre gewachsen war und jetzt als kalter Panzer mein Herz umschloss.

Sollte ich mir vielleicht einreden, er hätte mir nie wehgetan? Sollte ich etwa so tun, als gäbe es die spärlich vernarbten Wunden meiner Seele nicht? Sollte ich mir selbst vorgaukeln, das alles sei nicht so schlimm?

Ich schlug mit der flachen Hand aufs Lenkrad, dass es brummte. Sollte er doch den ersten Schritt machen! Schließlich hatte er nach mir getreten, bevor ich lesen konnte. Lange bevor ich mein erstes Schulzeugnis bekam, hatte er mich schon Dutzende Male Nichtsnutz genannt. Immer war er der Überlegene. Selbst als ich längst mein eigenes Geld verdiente und als Personenschützer quer durch Deutschland reiste, wusste er noch, was gut und richtig für mich war und was nicht. Mich von oben herab zu behandeln und mir zu widersprechen, schien für ihn genauso lebensnotwendig wie sein täglich Bier. Sollte er doch kommen.

Langsam schob sich ein schwarzer Passat in die Parklücke neben mir. Ein schlaksiger junger Mann stieg aus, verriegelte sein Auto und ging davon. Er hatte mich nicht bemerkt. Ich blieb wie versteinert sitzen.

In mir stieg neu jene Unruhe auf, die ich gespürt hatte, als ich meinen Vater eine halbe Stunde zuvor am Schaufenster gesehen hatte. Was, wenn er tatsächlich bald sterben würde? Wäre auch dann noch wichtig, wer wo wie sehr im Recht war? Oder würde mein Stolz mir am offenen Grab die Kehle zudrücken?

Eines war sicher: So wollte ich nicht mit ihm auseinandergehen. Irgendetwas musste geschehen.

„Ich habe keine Ahnung, wie das gehen kann", sagte ich laut zu Gott. „Aber ich bitte dich: Mach du Frieden."

Zwei Wochen später, ich hatte dieses Gebet längst vergessen, holte mich im Morgengrauen ein Traum unsanft aus dem Schlaf. Mein Herz schlug heftig, als ich erwachte. Ich hatte geträumt, dass Vater gestorben war. In dem Traum gab es keine wilden oder grausamen Bilder. Weder hatte ich gesehen, wo er zu Tode gekommen war, noch, wie es passierte. Wie die Häute in den Gerbefässern der Lederfabrik ganz mit Beize vollgesogen waren, war mein Körper in diesem Moment von dem unumstößlichen Gefühl durchdrungen, dass er nicht mehr da war. Ich hatte ihn verloren und würde ihn nie wiederfinden. In mir stritten Trauer und Panik. Ganz gleich, welchen Preis zu zahlen ich bereit war, ich würde ihn nicht mehr erreichen, nicht mehr mit ihm sprechen, nie mehr in seine Augen sehen, seine Wärme nicht mehr spüren. Dafür war es zu spät, unwiderruflich zu spät.

Ich stützte mich im Bett auf und sah mich um. Sandra lag neben mir und schlief. Ich hatte tatsächlich nur geträumt. Wahrscheinlich war alles nichts, und Vater würde auch heute und morgen neben dem Zapfhahn schimpfend über Gott und die Welt zu

Gericht sitzen. Doch die Ohnmacht und Traurigkeit in mir ließen sich so leicht nicht vertreiben.

War mein Traum eine Vorahnung?

Ich legte mich wieder hin und grübelte. An Schlaf war nicht mehr zu denken. Irgendetwas musste ich unternehmen. Das war auf jeden Fall besser, als mich alle paar Minuten auf die andere Seite zu drehen.

Ich könnte Vater suchen, ging es mir durch den Kopf. Vielleicht traf ich ihn im *Bärenwirt.* Vielleicht würde ich ihn irgendwo auf der Straße finden. Oder er war mit seinem Sozial-Ticket unterwegs und ich könnte erst in ein paar Tagen oder Wochen erfahren, ob er noch lebte.

Von der Unruhe in mir getrieben, zog ich Hose und T-Shirt an und stieg, ohne etwas zu essen, ins Auto. Es war kurz nach sechs Uhr. Ich wollte ihn finden. Ich musste wissen, ob es nur ein Traum gewesen war.

„Gott", betete ich, „schick ihn mir über den Weg."

Fröstelnd startete ich den Wagen und steuerte aus der Parklücke. Ich fuhr langsam die Straße entlang, folgte ihrer Kurve und bog in die Hauptstraße.

Da sah ich ihn.

Er lebte! Mit geradezu aufreizender Selbstverständlichkeit schlenderte er den gegenüberliegenden Bürgersteig entlang in meine Richtung.

Ich ließ die Scheibe herunter, bremste und rief: „Vater, ich mag dich schon."

Er sah herüber, hatte aber offensichtlich nichts verstanden und guckte mich nur verdutzt an. Vielleicht wunderte er sich, dass ich ihn von mir aus ansprach oder dass ich so zeitig unterwegs war. Ich rief ein zweites Mal, diesmal lauter: „Ich mag dich schon!"

Jetzt schien er verstanden zu haben, sah mich aber genauso fragend und hilflos an wie zuvor.

Hinter mir hupte es und ich fuhr weiter. Ich war erleichtert.

Er lebte. Trotzdem wich die Unruhe nicht. Ich hatte zwar einen Schritt auf ihn zugemacht, aber ich hatte noch immer keinen Frieden mit meinem Vater. Aber genau das war es doch, wonach ich mich sehnte und wovor ich mich fürchtete.

Ich war in die Bahnhofsstraße eingebogen und fuhr den Berg hinauf aus dem Ort. Auf einem Parkplatz, der von Ausflüglern vor allem am Wochenende genutzt wurde, schaltete ich den Motor aus. Rings um die Papierkörbe war Müll verstreut. Entweder die Leute waren tatsächlich zu faul, ihren Abfall dort hineinzuwerfen, oder die Krähe, die sich eben an einer Alufolie zu schaffen machte, hatte den Dreck wieder aus den offenen Körben hervorgezogen. Während ich beobachtete, wie der schwarze Vogel im Wechsel energisch auf das silberne Papier einhackte und aufmerksam um sich sah, ließ ich meine Gedanken schweifen. Nirgends hatte ich in der Bibel gelesen, dass ich meinen Nächsten *mögen* sollte. Dort war von *Liebe* die Rede. Mit einem Mal verstand ich, was Gott von mir wollte.

„Okay, Gott", sagte ich, „ich könnte zu meinem Vater gehen und ihm sagen, dass ich ihn liebe. Das Problem ist nur, dass ich keine Zeit habe. Ich habe heute drei Termine. Wenn einer davon abgesagt wird, gehe ich zu meinem Vater und sage ihm, dass ich ihn liebe. Aber von mir aus streiche ich die Termine nicht. Das ist dein Part."

Ich fand das einen fairen Handel. Ich hatte Gott gesagt, dass ich grundsätzlich bereit war zu tun, was er von mir wollte, nur leider im Augenblick keine Zeit dafür hatte.

Inzwischen hatte die Krähe das Interesse an der Alufolie verloren und beschäftigte sich mit einer Plastiktüte. Sie hielt sie im Schnabel und schwenkte ihren Kopf von einer Seite auf die andere, als versuchte sie von der Tüte loszukommen.

In mir stiegen wieder die alten Gedanken auf. Eigentlich wäre es besser, mein Vater käme zu mir. Er hatte mich verlacht, geschlagen und bespuckt. Warum musste wieder ich mich klein machen?

Reichte es nicht, dass ich ihm gerade eine goldene Brücke gebaut hatte? Auf ihr konnte er doch ganz bequem gehen.

Während ich diesem Gedanken nachhing, klingelte mein Handy. Die Nummer auf dem Display hatte ich schon einmal gesehen, konnte sie aber spontan nicht zuordnen. Ich nahm ab. Es war Ronald Klinger, mit dem ich mich verabredet hatte, die Absicherung eines Konzertes zu besprechen. Es tue ihm sehr leid, sagte er, es ginge nicht anders, er müsse den Termin am Nachmittag absagen.

So unmittelbar hatte ich nicht mit Gottes Antwort gerechnet. Von jetzt auf gleich hatte er seinen Teil des von mir vorgeschlagenen Handels beigetragen. Nun war ich an der Reihe, ob ich wollte oder nicht.

Also fuhr ich kurz nach dem Mittag zum Gasthof *Zum Bären*. Über dem Eingang thronte wie eh und je der modellierte Braunbär. Ich nahm die fünf Granitstufen hinauf in den Vorraum. Oft war ich hier nach links in den Gastraum gegangen, wenn Mutter mich geschickt hatte, Vater vom Skat nach Hause zu holen. Hinter der dunklen Holztür klapperte Geschirr. Gedämpft hörte ich die Stimme des Wirts.

Ich ließ den Gastraum links liegen, drückte dem Eingang gegenüber die Schwingtür mit den grünen Glasscheiben auf und stieg langsam die breite Eichentreppe hinauf ins erste Geschoss. Sie hatte elf Stufen in die eine Richtung, dann ein geräumiges Podest und nochmals elf Stufen in die entgegengesetzte Richtung. Im Treppenhaus roch es nach kaltem Essen.

Auf der letzten der breit abgetretenen Stufen blieb ich stehen. Meine Beine fühlten sich an, als hätte ich ohne Pause die Zugspitze erklommen. Rechts und links schloss sich ein lichtarmer Gang mit vielen Türen an. Das Zimmer meines Vaters lag dem Treppenaufgang genau gegenüber. Auf Augenhöhe glänzte im matten Licht ein kleines goldenes Schild mit einer schwarzen Fünf darauf.

Hin und wieder war ich dort schon gewesen, hatte zum Geburtstag das obligatorische Rasierwasser gebracht oder Lebkuchen in der Weihnachtszeit. Heute war ich aus einem ganz anderen Grund gekommen.

War Vater da? Saß er dort hinter dieser Tür?

Mein Herz schlug genauso wild wie nach dem Traum heute Morgen. Wie würde er auf meinen Besuch reagieren? Seine Ablehnung und Verachtung hatte ich oft genug zu spüren bekommen. Musste ich mir das hier wirklich antun?

„Mit meinem Gott kann ich über Mauern springen." In einem seiner Psalmen hatte ich diesen Ausspruch Davids gelesen. Jetzt kam er mir wieder in den Sinn und er passte wie die Faust aufs Auge. Seit 37 Jahren wuchs die Mauer zwischen meinem Vater und mir und ein Ende war nicht abzusehen. Die Zeit war reif, endlich etwas anders zu machen.

Ich ging die drei kurzen Schritte bis zur Tür und klopfte.

Keine Reaktion.

Ich gab mir einen Ruck, klopfte noch einmal und lauschte angestrengt.

Statt seines mürrischen *Herein* hörte ich das leise Rascheln einer Plastiktüte. Er war also im Zimmer. Schwerhörig wie er war, hatte er mein Klopfen wahrscheinlich gar nicht gehört.

Ich klopfte zum dritten Mal, drückte dann die flache Klinke herunter und öffnete vorsichtig die Tür.

Mit dem Rücken zu mir stand mein Vater an dem mit Groschenromanen, Zeitungen und Tabletten übersäten Tisch und räumte irgendetwas. In der linken Hand hielt er einen Beutel. Das Fenster hinter ihm war angekippt und ein Luftzug bewegte die halb vorgezogene Gardine. Jetzt drehte sich mein Vater herum und sah mich erstaunt an. Ich trat in das enge Zimmer und stand an der Duschkabine, die unmittelbar neben der Tür ihren Platz hatte. Hinter der Dusche war ein Waschbecken an die Wand geschraubt. Dahinter stand Vaters Liege. Aus dem zerknüllten Bettzeug auf der Matratze lugten zwei braune Decken. Auf dem Boden standen und lagen Wasserflaschen und Bierdosen. Der Stuhl vor dem Tisch war unter einem Berg darübergeworfener Hosen und Hemden begraben und kaum zu erkennen. Auf dem schmalen, an den Rändern ausgefransten Flickenteppich zwischen Tisch und Bett stand mein Vater und blickte mich mit großen Augen an.

„Ich muss dir etwas sagen, Papa", begann ich. „Du wirst dich vielleicht fragen, warum. Ich wollte dir sagen: Ich liebe dich."

Verdutzt sah mich mein Vater an und guckte mir stumm ins Gesicht. Es war beinahe unwirklich. Er, der wie Springkraut bei der kleinsten Berührung in die Luft gehen konnte und nie um eine Antwort verlegen war, sagte sekundenlang nichts.

Als ich ihn einmal gefragt hatte, wie es kam, dass er im Alter von 27 Jahren schon 29 unterschiedliche Arbeitsstellen gehabt hatte, antwortete er mit einem schelmischen Lachen: „Ich war halt sehr beliebt." Ja, Vater hatte auch Humor. Die meiste Zeit aber schimpfte er auf seine Saufkumpane, über die Ärzte und seinen nichtsnutzigen Sohn. Oder er bemitleidete sich selbst.

Jetzt war von all dem nichts zu hören.

Er sah mich nur erstaunt an und schwieg.

„Du fragst dich, warum ich zu dir komme?"

Er nickte.

„Weißt du, ich habe mich mein ganzes Leben für dich geschämt. Wenn du betrunken durch die Stadt getorkelt bist, war mir das peinlich. Wenn du laut schimpfend durch die Straßen gezogen bist, habe ich dich verachtet. Sah ich dich bei einem Bäcker an der Theke, lief ich schnell weiter und kaufte mein Brot in einem anderen Laden. Ich bin dir aus dem Weg gegangen und hab dir Vorhaltungen gemacht. Ich wollte, dass du anders bist. Das tut mir leid. Bitte vergib mir. Damit ist jetzt Schluss. Ich will das nicht mehr. Ich will dich auch nicht mehr ändern. Ich liebe dich. Du bist doch mein Papa."

Vater verlagerte sein Gewicht auf den anderen Fuß. Er sah auf die Tüte in seiner Hand, guckte hinein und legte sie zögernd zu den anderen Sachen auf den Tisch.

Mir kam mein letzter Besuch in diesem armseligen Zimmer in den Sinn. Wie so oft hatten wir uns gestritten. „Guck dich doch an", hatte ich zu ihm gesagt. „In diese Einsamkeit hat dich deine Sauferei gebracht!"

Wenn ich jetzt in sein stumm fragendes Gesicht sah, konnte ich ihm keine Vorhaltungen machen. Er tat mir leid. Ich wollte ihm helfen. Ich würde ihn immer lieben.

Das kleine Zimmer ließ nicht viel Platz. Bisher hatten wir gut zwei Meter voneinander entfernt gestanden. Jetzt machte mein Vater einen Schritt auf mich zu und blieb vor mit stehen. Ganz ähnlich hatten wir uns gegenübergestanden, als ich ihn als kleiner Junge nach einem Geburtstagsgeschenk gefragt hatte.

In seinen Augen sah ich, dass seine Antwort heute eine andere sein würde.

„Ich hab dich lieb. Leider konnte ich es dir nicht zeigen."

Vorsichtig hob Vater seine Hand und fasste mich am rechten Oberarm. Ich spürte den sanften, warmen Druck und wusste, es war die innigste Umarmung, die er mir in diesem Moment schenken konnte.

Von diesem Tag an änderte sich unsere Beziehung grundlegend. Nach der Begegnung in Zimmer Nr. 5 spürte ich, wie in mir etwas zur Ruhe kam. Als hätte sich ein Sturm gelegt, der einen See jahrelang aufgepeitscht und dunkle Wolken über ihn dahingetrieben hatte, und als widerspiegelte die friedlich daliegende Wasserfläche nun erstmals den klaren Himmel und die frei strahlende Sonne. Mehr als dreißig Jahre hatte ich meinen Vater gemieden, obwohl ich mir insgeheim nichts sehnlicher gewünscht hatte als seine liebevolle Nähe. Schon als kleiner Bub hatte ich mich an das Sofa herangeschlichen, auf dem er schlief, und die Muskeln seiner Oberarme ehrfurchtsvoll ertastet. Im Geheimen war er mein Held. Als junger Kerl trainierte ich Kraft und Schnelligkeit, um seine Macht zu brechen. Aber in meinem Innersten sehnte ich mich nach seiner Anerkennung und einem guten Wort von ihm.

Endlich war dieser kräftezehrende Widerspruch aufgelöst. Wir konnten uns erstmals frei in die Augen sehen. Wir konnten sogar miteinander lachen. Mein Vater brauchte auch weiterhin regelmäßig sein Bier, aber das stand nicht länger zwischen uns. Und dann, ich konnte es kaum glauben, trank er weniger und weniger und machte schließlich ganz Schluss damit. Er besuchte uns jetzt oft und es war wunderschön, Zeit mit ihm zu verbringen. Endlich hatte ich gefunden, wonach ich mich schon lange gesehnt hatte. Mein Vater war vom feindlichen Gegner zum freundschaftlichen Gegenüber geworden.

Als unsere Tochter Laura geboren war, blühte er merklich auf. Wenn er sie im Arm hielt, strahlte er über das ganze Gesicht und gab sie erst wieder freiwillig her, wenn ihm ihr Geschrei trotz seiner Schwerhörigkeit lästig wurde.

Bei einem seiner Besuche, wir hatten gerade Pizza gegessen, schlug Sandra vor, ein Dreigenerationenfoto zu machen. Als mein Vater es sich auf dem Sofa bequem gemacht hatte, hob ich Laura auf seinen Schoß und setzte mich neben ihn. Sandra nahm den Fotoapparat zur Hand. Wir lächelten in die Linse und Sandra drückte auf den Auslöser. Dann drehte sie die Kamera herum, um auf dem Display zu prüfen, ob das Bild gelungen war. Beim ersten Mal hatte Laura nicht in die Kamera geguckt. Also unternahmen wir einen zweiten Versuch. Da hatte ich die Augen zu. Auch der dritte, vierte und fünfte Anlauf missglückte und wir mussten über unser eigenes Ungeschick herzlich lachen. Es konnte doch nicht so schwer sein, eine Familienaufnahme zu machen! Schließlich gelang das Foto. Wir hatten längst aufgehört, die Fehlversuche zu zählen, und uns köstlich amüsiert.

Nach diesem ausgiebigen Fotoshooting klingelte Vater ungewöhnlich lange nicht an unserer Tür.

Etwa drei Wochen später kam ich an einem Freitagabend nach dem Training aus der Sportschule. Es war schon dunkel, als ich mit ein paar Leuten der Trainingsgruppe zum Parkplatz hinüberging und ihn in der Nähe meines Autos entdeckte. Schon von Weitem sah ich an seinen taumelnden Bewegungen, dass er reichlich getrunken hatte. Als er mich erkannte, rief er laut über den Platz: „Einen alten, kranken Mann auslachen, das könnt ihr!"

Ich hatte keine Ahnung, was er meinte. Zwischen uns war doch endlich alles gut. Wir hatten uns versöhnt. Hatte der Alkohol seine Erinnerung daran verwischt und die alten Bilder wieder hervorgeholt? Schnell ging ich zu ihm hinüber und fragte ihn, was er habe. Ich redete langsam und leise in der Hoffnung, dass auch er dann nicht so schrie. Die anderen mussten nicht jedes Detail mitbekommen.

„Schön habt ihr mich ausgelacht", wiederholte mein Vater mit schwerer Zunge.

„Wieso, wann habe ich dich ausgelacht?"

„Als wir das Foto gemacht haben."

Mir fiel die Szene auf unserer Couch ein und unser großes Gelächter. Erst vor wenigen Tagen hatte Sandra das Bild großformatig entwickeln lassen und in unserer Wohnung aufgestellt. Wir hatten beide wieder herzlich gelacht, als wir daran dachten, wie viele Anläufe wir gebraucht hatten, bis alle die Augen offen und ein Lächeln auf den Lippen gehabt hatten. Vaters Saufkumpane kamen mir in den Sinn. Als Kind hatte ich beobachtet, wie sie ihm Geld zusteckten, damit er sich vor ihnen betrank und sie sich ihren Spaß daraus machen konnten.

„Papa, ich weiß, du bist oft ausgelacht worden. Aber Sandra und ich, wir haben dich nicht ausgelacht. Wir haben gemeinsam mit dir gelacht! Einfach, weil es lustig war."

Vater wurde nachdenklich und sah mich traurig an. Dann ging

er stumm in die Dunkelheit davon. Am nächsten Tag klingelte er bei uns. Sandra ging zur Tür und öffnete sie. Schüchtern stand er davor und traute sich nicht weiter. Er sagte nur ein Wort – Entschuldigkeit.

Frieden für Manuel

Je mehr ich die neu gewonnene Beziehung zu meinem Vater genoss, umso deutlicher spürte ich, was für ein armseliger Vater ich für meinen Sohn Manuel war. Ich merkte es an seinen ausweichenden Antworten, wenn ich ihn anrief. Ich sah es an seinem distanzierten Blick, wenn wir uns begegneten. Ich spürte es, sobald wir im selben Raum waren.

Seit mehr als zehn Jahren wohnten wir nicht mehr unter einem Dach und sahen uns nur ab und an. Je älter Manuel wurde, umso größer wurde der Abstand zwischen uns. Eigentlich war es nicht verwunderlich. Denn anstatt im selbst gebauten Baumhaus neben ihm zu kauern, fuhr ich Schauspieler und Künstler in Luxuslimousinen durchs Land. Anstatt auf Felsen zu klettern und dort mit ihm Sonne und Wind zu genießen, stand ich im Halbdunkeln auf den Bühnen der Stars. Anstatt mit ihm zu raufen, sicherte ich die Boxkämpfe der ARD ab. Wann und vor allem warum sollte er ausgerechnet mir von seinen Erfolgen oder gar Niederlagen erzählen? Erwartete ich tatsächlich, dass er einem Mann, der ihm hin und wieder Autogramme schenkte und im Kino neben ihm einschlief, von seinem ersten Kuss erzählte?

Als wir wieder einmal einen Nachmittag zusammen verbrachten, entdeckte ich die roten Striemen auf Manuels Arm. Sie waren kurz sichtbar, als er den linken Ärmel seines schwarzen Pullovers hochschob. Schnell zog er ihn wieder hinunter, als fürchtete er, ein Geheimnis an einen Fremden auszuplaudern. Die leuchtenden Schrammen sahen aus, als ob Manuel sich geritzt hätte.

Ich erschrak. Ich war professioneller Personenschützer. Es war mein Job, andere vor Angriffen und Verletzungen zu schützen. Da konnte es doch nicht sein, dass mein Sohn sich Wunden ins eigene Fleisch schnitt. Oder etwa doch?

Wie vor den Kopf geschlagen nahm ich ein frisches Glas aus dem Schrank.

„Was ist denn da mit deinem Arm passiert?", fragte ich mit dem Rücken zu ihm.

„Mückenstiche", gab Manuel zurück. „Ich habe sie aufgekratzt."

Ich öffnete eine neue Sprudelflasche und schenkte mir das leise zischende Wasser ein. Manuel sagte nichts mehr und ich wollte auch nichts weiter hören. Mir war klar, dass er log. Aber anstatt traurig darüber zu sein, war ich ihm dankbar. Die Wahrheit hätte mich nur noch hilfloser gemacht.

Ich hoffte, ein gemeinsamer Urlaub könnte unsere Beziehung kitten, und war froh, dass Sandra die Idee gut fand und unterstützte. Also packten wir unsere Sachen und fuhren mit Laura und Manuel in die wunderschöne Südtiroler Berglandschaft mit ihren grünen Almen und den schroffen, grauen Felsen.

Doch meine Hoffnung erfüllte sich nicht. Die zehn Tage in der kleinen Ferienwohnung nahe Meran machten die Kluft zwischen Manuel und mir erst richtig sichtbar und jeder meiner hilflosen Versuche, sie zu überwinden, vertiefte sie nur noch weiter.

Nach dem Urlaub meldete sich Manuel überhaupt nicht mehr. Er ging auch nicht ans Telefon, wenn ich ihn anrief. Ich hatte versagt. Ich hatte meinen Sohn endgültig verloren.

Nach dem Jahreswechsel, es war ein hässlich feuchtkalter Winter ohne Schnee, bekam ich einen Anruf, der den Boden unter meinen Füßen schwanken ließ. Ich war gerade in Nürnberg in einem Kindergarten. Gemeinsam mit meiner Kollegin Hilda übte ich mit einer Gruppe von Vier- und Fünfjährigen Selbstwahrnehmung und Selbstbehauptung. Ich war zu meinem Auto gegangen, um eine Pratze zu holen, auf die die Kinder nach Herzenslust einschlagen durften, als mein Mobiltelefon klingelte. Die Mutter einer Klassenkameradin von Manuel sagte mir, Manuel habe ihrer Tochter in einer Nachricht geschrieben, dass er nicht mehr leben wolle. Ich war schockiert. Sofort standen mir die Narben auf Manuels Arm vor Augen. Als ich selbst vor dreißig Jahren meinem Leben ein Ende machen wollte, hatte mein Vater den größten Anteil daran gehabt, dass ich auf dem Bahndamm gelandet war. Ging es Manuel mit mir genauso?

Ich hatte es allen Vorsätzen zum Trotz nicht geschafft, es viel besser zu machen als mein Vater.

Kaum hatte ich aufgelegt, rief ich Manuels Mutter an. Manuela war von der Nachricht so entsetzt, dass sie kaum etwas sagte. In der Stille hörte ich sie schwer atmen. Nein, Manuel sei nicht zu Hause. Ich beendete das Telefonat und wählte jetzt Manuels Nummer. Es klingelte. Es klingelte wieder. Es klingelte zum dritten Mal. Es klingelte …

„Hallo."

Manuel. Er lebte! Danke, Gott. Was sollte ich jetzt sagen? Warum rief ich ihn an? Um zu wissen, ob er lebte. Ja, er lebte. In der einen Hand das Telefon, in der anderen die Pratze, sah ich zum grauen Himmel hinauf.

Unser Gespräch bestand hauptsächlich aus Pausen. Manuel war verwirrt, dass ich wusste, was er nur einer Freundin anvertraut hatte, und spielte die Sache herunter. Es sei schon alles in Ordnung. Er habe es nicht so gemeint. Ich solle mich nicht so haben, schließlich interessiere ich mich ja sonst auch nicht für ihn und habe ohnehin keine Ahnung.

Als ich aufgelegt hatte, ging ich benommen zum Kindergarten zurück. Wie gut, dass Hilda dabei war und das Training weiterführen konnte. Ich war nicht mehr in der Lage, mich darauf zu konzentrieren.

Am nächsten Tag klingelte mein Telefon, als ich gerade dabei war, die Rechnungen für die Trainings der letzten zwei Wochen auszustellen. Auf dem Display erkannte ich Manuelas Nummer. Mit bebender Stimme sagte sie, dass die Schule eben bei ihr angerufen habe. Manuel sei im Unterricht zusammengebrochen und jetzt auf dem Weg ins Krankenhaus.

Zusammengebrochen. Was bedeutete das? War es nur der Kreislauf? Oder hatte Manuel am Morgen Medikamente genommen, die erst jetzt wirkten? War sein Leben in Gefahr? Ich ließ den Rechner laufen, zog Jacke und Schuhe an und stürmte aus der Wohnung. Jetzt zählte nur eines. Ich musste meinen Sohn sehen.

Ich bog auf die Landstraße. Der Splitt schoss gegen den Unterboden des Autos und der Abstand zu dem weißen Lieferwagen vor mir verringerte sich schnell. Mit aufreizender Gelassenheit schlich der Sprinter Strich achtzig dahin. Ich setzte zum Überholen an. Vor mir tauchten zwei Lichter auf. Schnell trat ich auf die Bremse und ordnete mich wieder ein. Schließlich bog der Kastenwagen ab. Bloß gut. Ich drückte das Gaspedal tiefer. Endlich stand Nördlingen auf dem gelben Ortseingangsschild. Nun musste ich nur noch das Krankenhaus finden.

„Himmlischer Vater, ich halte das nicht aus. Bitte nimm mir diese Angst. Ich kann nicht in die Notaufnahme gehen, ohne zu wissen, was mich erwartet."

Wenige Sekunden nachdem ich so gebetet hatte, kam mir auf der Hauptstraße ein Krankenwagen entgegen. Am Nummernschild erkannte ich, dass Manuel mit diesem Auto eingeliefert worden sein könnte. Ich gab Lichthupe. Der Krankenwagen und ich hielten auf gleicher Höhe. Ich erkannte den Fahrer, der im selben Viertel wohnte wie ich, ließ die Scheibe herunter und sah ihn fragend an.

„Ich weiß, dass es dein Sohn ist", sagte er. „Mach dir keine Sorgen. Er ist so weit okay."

„Danke, Gott!"

In der Notaufnahme stellte ich mich als Vater von Manuel vor und ging in das angegebene Behandlungszimmer. Manuel lag auf einer Pritsche. Er trug eine blaue Jeans und seinen schwarzen Pullover. Er zitterte. Ich war glücklich, ihn zu sehen, ging auf ihn zu und wollte ihn in den Arm nehmen. Aber er schob mich von sich wie einen ungewollt zutraulichen Hund.

Die Ärztin kam herein. Sie war groß und blond, vielleicht Anfang vierzig. Unter dem weißen Kittel trug sie einen schwarzen Rollkragenpullover, auf dem eine silberne Kette mit tropfenförmigen Glashänger lag. Sie setzte sich an den Schreibtisch am Fenster, blätterte in den Unterlagen, sah auf den Monitor und sagte zu mir gewandt: „Körperlich ist alles in Ordnung."

„Ich weiß", erwiderte ich hastig. Obwohl genau das noch vor einer halben Stunde meine größte Sorge gewesen war, verstand ich, dass zuallererst Manuels Seele Hilfe brauchte.

„Können Sie uns einen Termin in der Jugendpsychiatrie verschaffen?", fragte ich.

Die Ärztin sah mich müde an.

„Die Kinder- und Jugendpsychiatrie ist über Monate ausgebucht. Sie bekommen frühestens im Sommer einen Termin."

Die Tür ging auf, eine Schwester steckte den Kopf durch den Spalt, die Ärztin nickte. Gleich darauf kam Manuela herein. Sie beachtete weder mich noch die Ärztin, eilte zu Manuel, nahm ihn in den Arm und drückte ihn an sich.

„Sie können ihn mit nach Hause nehmen."

Bildete ich mir das nur ein oder hatte die Ärztin bei diesem Satz bewusst nur Manuela angesehen?

Manuela fuhr mit Manuel voraus. Ich war in meinem Auto allein. In ihrer Wohnung angekommen, legte Manuel sich aufs Sofa und Manuela brachte ihm eine braune Decke, die sie liebevoll über ihn legte und um seine Schultern schlang.

Ohne darüber nachzudenken, was ich da eigentlich tat, lief ich in Manuels Zimmer. Es war die ganz normale Bude eines 14-Jährigen. Eine wenig stimmige Mischung aus an der Wand vergessenen Sonnenuntergangspostern und PC-dominiertem Schreibtisch mit Spielekonsole und Joystick. Ich ging zu Manuels offenem Regal neben dem Schreibtisch. Stapelweise fand ich Filme, Videospiele und Musik-CDs. Je mehr ich mir davon ansah, umso wütender wurde ich. Sie waren allesamt nicht dem Leben verschrieben, sondern dem Tod. Hastig schichtete ich sie aufeinander und ging ins Wohnzimmer hinüber.

Manuel saß jetzt auf der Couch. Die Decke lag auf seinen Beinen, während er seine Ellenbogen auf die dem Fenster zugewandte Armlehne stützte. Ich ging zu ihm und zeigte ihm, was ich in der Hand hielt.

„Was ist das?", fragte ich meinen Sohn, obwohl ich die Antwort längst wusste. Er reagierte nicht. Ich war seltsam erregt. Musik und Bilder, die Tod und Teufel verherrlichten, waren mit Schuld an Manuels trauriger Situation. Wer hatte zugelassen, dass er sich damit massenhaft umgab?

„Das Zeug hier macht dich kaputt. Ich schmeiß es weg."

Abrupt stand Manuel auf und stellte sich unmittelbar vor mich. Es war lange her, dass er mir direkt und unausweichlich in die Augen gesehen hatte. Jetzt schrie er mir ins Gesicht.

„Ich hasse dich! Ich hasse dich!"

„Sei still. Das Zeug macht dich kaputt! Ich schmeiß es weg."

Manuela kam herein, doch Manuel beachtete seine Mutter nicht. Er war ganz auf mich fixiert.

„Ich hasse dich! Verpiss dich!", schrie er jetzt noch lauter und stürzte hastig aus dem Zimmer. Die Badezimmertür fiel ins Schloss. Manuela und ich blieben schweigend im Wohnzimmer zurück. Noch immer hielt ich Manuels Computerspiele in der Hand. Manuela bückte sich und hob die Decke vom Boden auf. Aus dem Bad kamen Geräusche, als ob Manuel sich übergab. Schnell ging seine Mutter hinüber und ich stand allein in der fremden Stube.

„Geh jetzt bitte", sagte Manuela, als sie aus dem Bad zurückkam. „Er will nichts mehr mit dir zu tun haben."

Ohne meine Umgebung wahrzunehmen, fuhr ich nach Hause. Es war, als verschluckte dichter Nebel alles um mich her. Dafür stand mir meine eigene Misere umso deutlicher vor Augen. Ich hatte mich nicht einmal von Manuel verabschiedet, ihn nicht noch einmal gesehen. Mein eigener Sohn hatte mich rausgeworfen. So war es. Das war das Ende.

Zu Hause angekommen, schloss ich die Wohnungstür auf. Sandra war nicht da. Ich war allein mit meinem Schmerz. Ich fühlte mich, als hätte ich zwei Nächte nicht geschlafen. Mechanisch ging ich in die Küche, füllte einen Topf mit Wasser, stellte ihn auf den Herd und schüttete Maultaschen hinein. Nach der angegebenen Zeit nahm ich einen Teller aus dem Schrank und fischte die Teigtaschen mit einer Gabel aus dem kochenden Wasser. Die dampfende Portion in der Hand, trottete ich zum Esstisch hinüber. Gewohnheitsmäßig faltete ich meine Hände und schloss die Augen.

Aber was sollte ich beten? Ich konnte Gott doch nicht einfach für das Essen danken. Dafür war in den letzten Stunden zu viel passiert. Ich brauchte seinen Segen jetzt für mehr als nur meine Maultaschen.

Ich stand auf und zog einen zweiten Stuhl unter dem Tisch heraus.

„Papa, bitte setz dich her zu mir. Ich muss mit dir reden. Ich brauche deine Hilfe", sagte ich leise.

Was dann passierte, ist schwer zu beschreiben.

Ich spürte, Gott war da! Er hatte meine Einladung angenommen. Tief in meinem Herzen wusste ich das. Vor seinem Stuhl ging ich auf die Knie. Überwältigt von dem Eindruck, dass Gott auf meinem Wohnzimmerstuhl Platz genommen hatte, legte ich meine Stirn behutsam auf das Sitzpolster und wusste mich in Gottes Schoß geborgen.

Der Tag bisher war randvoll gefüllt mit emotionalen Tiefschlägen, aber mit einem Mal fühlte ich mich geliebt und beschützt.

Als wäre in einem dunklen Raum ein schwerer Vorhang zur Seite gezogen worden, und die Sonne, die die ganze Zeit da gewesen war, konnte endlich hineinscheinen und ihn mit Wärme und Licht erfüllen. Es gab nichts Schöneres, als in diesem Moment hier zu sein. Es war so traurig und schön zugleich, dass ich anfing zu weinen.

„Papa, mein Leben zerbricht. Ich leg es in deine Hände. Ich bring dir den ganzen Scherbenhaufen."

Der harte Boden ließ meine Knie schmerzen, während das lederne Sitzpolster die Stirn meines dumpf dröhnenden Kopfes kühlte. Da hörte ich dieselbe Stimme, die ich damals auf dem Bahndamm vernommen hatte.

„Geh zu deinem Sohn. Ich gehe mit."

Wie bitte? Hatte Gott das gesagt? Konnte das sein Ernst sein?

Vor weniger als drei Stunden hatte Manuel mir seinen Hass ungefiltert ins Gesicht geschrien. Meine Exfrau hatte mich aus der Wohnung hinauskomplimentiert und mir überdeutlich zu verstehen gegeben, dass ich dort nicht mehr erwünscht war. Als die Tür hinter mir ins Schloss gefallen und ich die Treppe hinuntergeschlichen war, hatte ich mich wie ein geprügelter Hund gefühlt. Und jetzt sollte ich dort wieder aufkreuzen, als sei nichts gewesen? Was dachte Gott sich eigentlich dabei?

Während ich die lauwarmen Maultaschen kaute, fragte ich mich, ob ich mir die Worte „Geh zu deinem Sohn" vielleicht nur eingebildet hatte. Einfacher wäre das in jedem Fall gewesen. Aber in meinem Herzen spürte ich, dass Gott der Absender dieser ungewöhnlichen Botschaft war. Ihm wollte ich gehorsam sein.

Langsam öffnete Manuela die Tür. In ihrem Gesicht sah ich, dass sie nicht mit mir gerechnet hatte. Wie sollte sie auch? Sie kannte mich und von mir aus wäre ich nie auf diese verrückte Idee gekommen. Sie machte einen Schritt zur Seite und ließ mich herein. Nun standen wir uns in dem kleinen Korridor gegenüber.

„Jetzt kann uns nur noch Gott helfen", brach ich nach einer Weile das Schweigen.

„Ach, du immer mit deinem Gott."

„Hast du ihn lieb?", fragte ich zögernd.

„Wie meinst du das?" Der Unterton in Manuelas Stimme verriet, dass sie sich schon jetzt ärgerte, mich überhaupt hereingelassen zu haben. „Wir zahlen Kirchensteuer. Wir gehen ab und zu in die Kirche. Wir sind getauft. Reicht dir das?"

„Ich wollte wissen, ob du ihm dankst, wenn der Tag beginnt. Bittest du Gott, Manuel zu beschützen? Dankt ihr Gott vor dem Essen? Legst du die Nacht in Gottes Hände, wenn der Tag zu Ende geht?"

Manuela sah zur Seite.

Da spürte ich, dass Gott mir einen zweiten Anstoß gab.

In den letzten Jahren hatte ich Manuela immer wieder Vorwürfe gemacht. Vieles meinte ich besser zu wissen und gab im Streit nicht nach. Manchmal kritisierte ich sie wohl auch, um von meinen eigenen Schwächen abzulenken. Wenn ich Manuel zu dick fand, kreidete ich das ihr an. Aber wann hatte ich zuletzt mit ihm Fußball gespielt? Wenn seine Tischmanieren nicht meinen Vorstellungen entsprachen, ließ ich meinem Unmut freien Lauf. Aber wann hatte ich zuletzt gemeinsam mit ihm ein Dreigängemenü zubereitet? Manuels Erziehung war genauso gut meine Aufgabe. Die kleinste Kritik zahlte ich Manuela in gleicher Währung zurück und war Meister darin, meine eigene Unzufriedenheit in Anschuldigungen gegen sie umzumünzen.

Mit Abstand betrachtet, war mir klar, dass das nicht gut war. Und doch war ich gerade dabei, auf dieser dunklen Treppe eine weitere Stufe hinabzusteigen. Wohin sie führte, hatte mir der heutige Morgen deutlich gezeigt.

„Du musst es wie bei deinem Vater machen. Du musst dich für deine Fehler entschuldigen", schoss es mir auf einmal durch den Kopf.

Wäre das ein Ausweg?

Ja.

„Manuela, ich möchte mich bei dir entschuldigen", begann ich zögerlich. „Ich habe viele Fehler gemacht. Ich hab dich für vieles angeklagt, was ich selbst hätte besser machen sollen. Kannst du mir das vergeben?"

Aus dem Augenwinkel nahm ich eine Bewegung wahr. Manuel stand im Halbschatten vor der Tür zu seinem Zimmer. Seine Mutter blickte mich lange an. Im gedämpften Licht des Korridors sah ich, dass ihre Augen feucht glänzten.

„Ach, Michael, ich hab doch auch Fehler gemacht. Das lag doch an uns beiden. Dann musst du mir auch vergeben." Sie machte einen Schritt auf mich zu und umarmte mich. Ich hatte keine konkrete Reaktion erwartet. Aber damit hatte ich am wenigsten gerechnet. Wir lagen uns in den Armen und weinten. Minutenlang hörte ich nur unseren Atem und unser Schluchzen.

„Mama, Papa!" Wie von weither klang Manuels Stimme. Dabei stand er jetzt dicht neben uns. „Ich hab noch nie gesehen, dass ihr euch so liebevoll in den Arm nehmt." Kurz darauf hielten wir uns zu dritt fest umklammert und weinten miteinander. Vielleicht eine Viertelstunde, vielleicht auch nur ein paar Minuten.

Dann war es Manuel, der das Schweigen brach.

„Papa, ich hab ohne Gott gelebt. Dann hab ich mich mit dem Teufel beschäftigt. Fast hätte er mich in den Tod getrieben. Wie mache ich das mit Gott?"

„Gott ist ein Gentleman", erklärte ich und lächelte vorsichtig. „Wenn man ihn nicht haben will, respektiert er das. Du kannst ihn aber auch einladen. In dein Leben. In dein Zimmer. In alles. Dann wird dein Leben ein anderes werden. Schwierigkeiten und Sorgen wird es immer geben. Aber du bist dann nicht mehr allein."

„Das will ich", sagte Manuel.

„Sollen wir zusammen beten?"

„Nein, Papa, das mach ich allein."

Entschlossen verschwand Manuel in sein Zimmer. Als er nach ein paar Minuten wieder herauskam, war er ein anderer Mensch. Etwas in ihm hatte sich grundlegend verändert. Sein Blick war freier. Er guckte mir geradewegs in die Augen und ich sah Frieden und Freude in seinen.

Ich war glücklich.

Und ich hatte Angst.

Wie konnte ich mir sicher sein, dass Manuels Wandlung nicht wieder ins Gegenteil umschlug oder sich nach und nach verlor?

In den ersten Wochen, nachdem Manuel mit Gott Freundschaft geschlossen hatte, fürchtete ich, er könnte sich vielleicht doch noch umbringen. Ich rief ihn zwei, drei, manchmal auch vier Mal am Tag an und fragte, ob es ihm gut gehe und er noch an Gott glaube.

Als ich ihn eines Abends anrief, begrüßte er mich gar nicht erst, sondern redete gleich drauflos.

„Falls du mich fragen willst, wie es mir geht, Papa: Es geht mir genauso gut wie vor zwei Stunden."

Eine Woche später wurde er deutlicher. Statt eines freundlichen „Hallo" hörte ich unmittelbar nach dem Rufton die ungeduldige Stimme meines Sohnes.

„Papa, du nervst."

Botschafter der Liebe

Die Versöhnung mit meinem Vater veränderte mein Leben noch grundlegender als die wiedergewonnene Freundschaft zu Manuel. Seit unserer Begegnung in Zimmer Nr. 5 war in mir eine Sehnsucht gestillt, ein Leerraum gefüllt. Kritiksucht und Streit hatten gemeinsamem Lachen Platz gemacht. Ich ging meinem Vater nicht mehr aus dem Weg, sondern genoss es, mit ihm zusammen zu sein. Die neue Harmonie veränderte nicht nur unser Miteinander, sondern auch mich als Person. Ich brauchte die Mauer nicht mehr, hinter der ich mich Vater gegenüber jahrelang versteckt hatte. Ich musste ihn nicht mehr beeindrucken. Weder mit Kraft noch mit beruflichen Erfolgen.

Im Sicherheitsdienst hatte ich in den letzten Jahren ohnehin zu viel Gewalt miterlebt. Auf keinen Fall durften Sandra, unsere gemeinsame Tochter Laura und Manuel in irgendeiner Weise dort hineingezogen werden. Der Personenschutz während des Papstbesuches sollte mein letzter großer Auftrag gewesen sein. Dann war der Sicherheitsdienst für mich Geschichte. Ich konzentrierte mich stärker auf das Training in der Sportschule und machte etwas, das ich bisher nur selten, dafür aber mit großer Begeisterung getan hatte: Ich hielt Vorträge über Selbstverteidigung und Gewaltprävention. Soweit es die gebotene Diskretion erlaubte, erzählte ich in Schulen oder auf Konferenzen von meinen Einsätzen als Bodyguard und sparte auch meine ganz persönliche Geschichte nicht aus. Ich hatte den Eindruck, je offener ich dabei von meinen Schwächen und eigenem Versagen sprach, umso gespannter lauschte das Publikum.

Eine kleine Lawine kam ins Rollen. Ich wurde immer häufiger eingeladen. Oft fuhr ich gemeinsam mit meiner Kollegin Hilda und dem Polizeibeamten Erich dafür viele Kilometer. Mit Schülern machten wir leichte Geschicklichkeits- und Wahrnehmungsübungen und sprachen über Selbstachtung. Immer wieder betonte ich, wie wichtig eine gute Beziehung zu Freunden und Eltern für ein gesundes Selbstwertgefühl ist. Manchmal nahmen mich die Veranstalter zuvor auf die Seite. „Herr Stahl, Sie können alles erzählen, aber bitte erwähnen Sie Gott und Ihren Glauben nicht." So oder so ähnlich hörte ich das oft und fragte mich, wovor sich diese Leute fürchteten. Wie stellten sie sich das eigentlich vor? Meine Biografie ist untrennbar mit meiner Beziehung zu Jesus verbunden. Ohne Gott wäre mein Leben so viel wert wie ein Bogen ohne Sehne. Meist willigte ich dennoch ein, von mir aus nichts über Gott zu sagen. Wenn ich aber nach meiner Motivation und der Quelle meiner Kraft gefragt würde, wollte ich frei antworten.

Es war ein Mittwoch, als ich um sechs Uhr morgens ins Auto stieg. In einer Hauptschule in der Nähe des Bodensees sollte ich einen Vortrag halten. Da Gerold Blattner, der Direktor, sich vorher noch mit mir treffen wollte, musste ich zeitig aufbrechen. Der Schulleiter war ein untersetzter, freundlicher Mann, den ich auf Mitte fünfzig schätzte. Er trug eine Jeans mit schwarzem Gürtel und ein kurzärmeliges Hemd in Altrosa. Ein paar seiner dunklen Haare färbten sich schon grau.

Nachdem er mich im Sekretariat begrüßt hatte, gingen wir in einen kleinen Raum, wo wir uns jenseits von Telefonanrufen, Pausenlärm und Lehrergesprächen unterhalten konnten. Der Direktor schloss das Fenster und wir setzten uns an einen Tisch mit heller Holzplatte und schlanken Metallbeinen. Auf dem Tisch standen zwei Tassen und Kaffee in einer richtigen Porzellankanne. Er schenkte ein und berichtete nicht ohne Stolz, dass er sich entschlossen hatte, alle Schüler der Klassen acht und neun für meinen Vortrag freizustellen. Ich würde sie in der Aula treffen. Er selbst habe leider einen wichtigen Termin, sodass er nicht von Anfang an dabei sein könne. Er wolle aber so schnell wie möglich nachkommen, meinte er.

Und noch etwas wollte er mir sagen.

„Wir haben hier einen Jungen. Er ist extrem aufmüpfig und gewalttätig. Er hat ein paar Jungs um sich geschart, mit denen gängelt und drangsaliert er seine Mitschüler. Aber Luan ist der Kopf. Ich saß schon mehr als einmal mit ihm in diesem Zimmer." Mit durchgedrücktem Zeigefinger tippte Gerold Blattner zweimal kurz hintereinander auf die Tischplatte.

„Haben Sie ihm auch so guten Kaffee angeboten? Der schmeckt wirklich super", zwinkerte ich dem Direktor zu und nahm noch einen Schluck aus meiner Tasse.

Er lächelte müde. „Mir wäre es recht, wenn Sie ein besonderes Auge auf ihn haben. Der Junge hat es nicht leicht zu Hause." Er beugte sich vor. „Ich musste seinen Vater einbestellen. Wir waren zu viert: er, sein Vater, die Klassenlehrerin und ich. Sein Vater hörte sich die Liste der Vergehen seines Sohnes an. Wissen Sie, wie er reagierte, als ich sagte, dass ich Luan von der Schule verweisen müsse, wenn er sich nicht bessere?" Der Direktor guckte mich mit hochgezogenen Augenbrauen an. Seine Stirn war von tiefen Furchen zerschnitten.

Erwartungsvoll zuckte ich mit den Schultern.

„Er tobte! Dann kramte er einen Fünf-Euro-Schein aus seiner Hosentasche und warf ihn vor seinem Sohn auf den Tisch. ,Du bist eine Schande für unsere Familie', schrie er. ,Kauf dir einen Strick und häng dich auf!'"

Als ich die Aula betrat, saßen etwa achtzig Schüler auf den Stühlen. Ein wildes Stimmengewirr erfüllte den Raum. Mein Vortrag dauerte noch keine fünf Minuten, da hatte ich schon erkannt, wer in meinem Publikum Luan war. Er war unruhig und machte mit Zwischenrufen auf sich aufmerksam. Während ich von den Wunden und Wundern meines Lebens erzählte, wurde es immer ruhiger im Saal. Auch Luan hörte schließlich aufmerksam zu. Ich hatte etwa eine halbe Stunde gesprochen, als ich unvermittelt auf ihn zuging.

„Willst du ein richtiger Mann werden?"

Ich stellte die Frage so laut, dass alle sie hören konnten.

„Ein Mann, zu dem man aufschauen kann? Einer, vor dem man sich nicht fürchtet, sondern bei dem man sich freut, ihn zu treffen? Willst du so ein Mann werden?"

Luan saß stumm in der zweiten Reihe und sah mich, den Kopf im Nacken, mit seinen dunklen Augen an. In der Aula war es so still, als sei das die alles entscheidende Frage bei der mündlichen Leistungskontrolle. Jeder hatte meine Frage mitbekommen. Nun war Luan herausgefordert, sie zu beantworten. Schüler wie Lehrer warteten gespannt, was als Nächstes passieren würde.

„Ja", sagte er schließlich halblaut.

„Wenn du ein richtiger Mann werden willst, dann geh zu jedem hier, den du beleidigt oder gequält hast, und entschuldige dich. Das wäre der erste Schritt, ein richtiger Mann zu werden."

Wieder Stille. Ich blieb vor ihm stehen und sah ihn unverwandt an.

„Willst du das?"

„Ja", antwortete er.

Ich nickte ihm zu.

Zögerlich stand er auf und gab seinem Nachbarn die Hand. Ein *Sorry* hier, ein leises *Entschuldige* dort. Der Junge ging durch die gesamte Aula, während die anderen still auf ihren Plätzen saßen. Keiner wagte, etwas zu sagen.

In diesem Moment kam der Direktor zur Tür herein. Der Mund blieb ihm offen stehen. Er konnte nicht glauben, was er sah. Sein erstes Sorgenkind, der aufsässige Raufbold, ging von einem zum anderen und entschuldigte sich.

Nach dem Vortrag lud Direktor Blattner mich zu einem gemeinsamen Mittagessen beim Italiener ein. Kaum hatten wir unsere Bestellung aufgegeben, kam er auf Luan zu sprechen. Die Sache ließ ihm offensichtlich keine Ruhe.

„Seit Jahren versuchen wir, mit ihm klarzukommen", platzte er heraus. „Immer ohne Erfolg. Wie haben Sie das nur gemacht?"

„Ich weiß es nicht genau", sagte ich. „Aber eines ist sicher: Ich habe Gott um seinen Segen gebeten."

Ein anderes Mal war ich mit meiner Kollegin Hilda in einer Berufsschule eingeladen. Etwa 200 Schüler und Lehrer und sogar ein paar Journalisten waren in die Turnhalle gekommen. Nur langsam wurde es im Saal ruhiger, während ich redete.

„Was unternehmt ihr am liebsten mit euren Mamas und Papas?"

Diese Frage hatte ich vor allem jüngeren Schülern schon oft gestellt. Aber irgendwie lag es mir auf dem Herzen, auch diese Jugendlichen damit zu konfrontieren. Ich war gespannt auf ihre Antworten. Viele Jungs liebten es, mit ihren Vätern Abenteuer zu erleben, am Lagerfeuer zu sitzen und durch den Wald zu stromern. Von Mädchen hörte ich meist, dass sie gern mit ihrer Mutter Kuchen backen, mit ihr Eis essen oder shoppen gehen wollten. Was würden diese Berufsschüler antworten?

„Ich würde meinem Vater am liebsten in die Fresse schlagen", tönte es in die Stille hinein.

Der das gesagt hatte, war ein blonder Junge mit zahlreichen Tattoos auf der sonnengebräunten Haut. Ich konnte mir gut vorstellen, dass er bei den Mädchen hoch im Kurs stand. Und doch trug er so viel Hass in sich, dass er hier ohne Hemmung durch die Halle schrie.

Ich ging durch die Reihen auf ihn zu. Als ich vor ihm stand, reichte ich ihm die Hand.

„Wie heißt du?", fragte ich den 17-Jährigen.

„Basti!"

„Hallo, Basti. Bitte komm mit mir mit, ich habe einen guten Platz für dich." Zögernd folgte er mir nach vorn. Als er sich in die erste Reihe gesetzt hatte, redete ich weiter. „Was ich heute zu sagen habe, ist ganz besonders für dich wichtig", erklärte ich und sah in an.

Dann erzählte ich, wie mein Vater mich beschimpft hatte, wenn ich beim Fußball kein Tor schoss oder mit schlechten Noten nach Hause gekommen war. Wie ich mich in den Kampfsport und ins Showbusiness geflüchtet hatte. Wie ich meinem Vater eines Tages bedingungslose Liebe ausgesprochen und ihn gebeten hatte, mir meine Schuld zu vergeben. Ich schilderte genau, wie diese Versöhnung mich befreit und verändert hatte, wie genial es war, neu Freundschaft mit ihm geschlossen zu haben, und dass wir uns als Zeichen unserer Liebe sogar auf die Wange küssen konnten.

In der Halle war es ganz still geworden. Während ich sprach, suchte ich immer wieder Blickkontakt zu dem blonden jungen Mann in der ersten Reihe. Er war konzentriert bei der Sache. Kurz vor dem Ende ging ich zu ihm hin und fragte: „Kann es sein, dass du deinen Vater in Wahrheit lieb hast?"

Erschrocken wich er meinem Blick aus.

„Vielleicht", sagte er nach einer Weile leise.

Ich bat ihn aufzustehen. Zuvor hatte er vor allen seinen Hass bekundet. Jetzt stellte ich ihm vor der gesamten Zuhörerschaft meine Frage. Ich legte meine Hände auf seine Schultern und sah ihm tief in die Augen. Diesmal hielt er meinem Blick stand und ich fragte ihn ein zweites Mal: „Hast du deinen Papa lieb?"

Im Stillen betete ich für diesen jungen Mann. Ich hatte schon oft erlebt, dass meine Offenheit ansteckend wirkt. Sollte das nicht auch bei Basti möglich sein?

Ich sah Tränen in seinen Augen glänzen. „Ja", sagte er. „Dreizehn Jahre lang hat er mich geschlagen, dann ist er abgehauen."

Je öfter ich Jungen wie Basti oder Luan begegnete und je öfter ich in Vorträgen von meiner eigenen Vatersehnsucht sprach, umso mehr begriff ich, dass das nicht allein meine Geschichte war. Viele Menschen erleben Ähnliches. Und ich erlebe, dass sie anfangen, sich ihre Wunden einzugestehen, wenn ich ehrlich von meinen eigenen erzähle.

Einmal kam nach einem Vortrag auf einer mehrtägigen christlichen Konferenz ein Mann mit einem auffallend freundlichen Gesicht und markanten Grübchen am Kinn auf mich zu. Seine Augen betrachteten mich aufmerksam durch die randlose Brille, während wir miteinander sprachen. Er war größer als ich und sah aus wie ein ziemlich schlauer Kopf. In der Pause standen wir etwas abseits und unterhielten uns, während seine Mimik den Kampf widerspiegelte, der in seinem Inneren tobte. Die Geschichte von der Versöhnung mit meinem Vater hatte in ihm etwas zum Schwingen gebracht. Er spürte, dass sie etwas mit ihm zu tun hatte, konnte aber nicht fassen, was. Schließlich platzte er mit seiner Frage heraus.

„Wie kann ich meinem Vater sagen, dass ich ihn liebe, wenn das gar nicht stimmt?"

Der Mann war etwa 50 Jahre alt. Er glaubte an Gott und lebte mit ihm. Aber zwischen ihm und seinem Vater gab es lediglich ein dünnes, höflich-respektvolles Band. Jeder ließ den anderen, wie er war, griff ihn nicht an und dachte sich seinen Teil. Vater und Sohn waren wie zwei parallele Linien, die im Hier und Jetzt keinen Schnittpunkt hatten. Es gab keine echte Berührung zwischen ihnen. Sie akzeptierten sich, ohne sich zu vertrauen. Sie begegneten sich, ohne sich zu lieben.

Ich merkte, dass die Frage den Mann ehrlich umtrieb, und musste an meinen eigenen Kampf denken und an den Handel, den ich mit Gott vereinbart hatte. Auch ich hatte nicht den ersten Schritt gehen wollen. Und wie viel hatte ich gewonnen, als ich mich dazu durchgerungen hatte!

„Und wenn du es aus Gehorsam Gott gegenüber tust?"

Ich weiß nicht, ob ich diesen Gedanken schon einmal zuvor gedacht hatte. Er kam in diesem Moment in meinen Kopf und schien zu passen. Also sprach ich ihn aus.

Am nächsten Tag feierten wir im Rahmen der Konferenz Gottesdienst. Nach der Predigt hatten die Teilnehmer die Möglichkeit zu erzählen, was sie in den letzten Tagen besonders bewegt hatte. Auch der Mann mit dem Kinngrübchen ging auf die Bühne. Mit rauer Stimme erzählte er, wie sehr er am gestrigen Abend mit sich gerungen hatte. Er sehnte sich nach echtem Frieden mit seinem Vater. Zugleich wollte er keine Liebe aussprechen, die er in seinem Herzen nicht fand.

„Aber wenn Gott mich auffordert: ‚Liebe deinen Nächsten‘, gilt das doch auch für meinen Vater, oder?"

Seine Brille reflektierte blitzend das Bühnenlicht, während er in die Runde sah. Vor ihm saßen 300 Leute und lauschten gebannt.

„Es war ja so, ich wollte ihn lieben. Nur war die Liebe zuerst nur in meinem Kopf."

Wieder machte er eine Pause.

„Ich bin gestern Abend zu meinem Vater gegangen. Er ist jetzt 73 Jahre alt. Ich kann mich nicht erinnern, dass er mir jemals gesagt hat, dass er mich liebt. Als ich ihm sagte, dass ich ihn liebe, wurden seine Augen feucht. Er guckte mich stumm an. Es war keine Minute vergangen, dann entgegnete er: ‚Aber ich habe dich doch auch lieb.‘"

Applaus brandete im Saal auf.

„Gestern Abend lagen wir uns seit Jahren das erste Mal in den Armen. Wir hatten uns nie zuvor gestritten. Trotzdem haben wir uns gestern versöhnt. Ein Stück Himmel auf Erden."

Zerstörung

Mit der Beerdigung meines Vaters fiel eine Tür ins Schloss, die sich nie wieder öffnen würde. Ja, wir waren im Frieden auseinandergegangen. Dennoch, vielleicht auch gerade deswegen schmerzte mich der Verlust sehr. Nachts lag ich manchmal lange wach, während meine Gedanken unkontrolliert von einer Erinnerung zur anderen sprangen wie Wassertropfen auf einer heißen Herdplatte. Irgendwann dämmerte ich dann weg, schlief unruhig und wachte am Morgen schweißgebadet auf.

Seinen Grabstein auszuwählen, sollte für mich ein bewusster Schritt des Abschieds sein. Ich entschied mich für eine schwarze Granitplatte. Die Inschrift trug ich schon eine Weile mit mir herum. Neben seinem Namen, Gebhard Stahl, dem Geburts- und dem Sterbejahr sollten die drei Worte „Gott ist Liebe" stehen. Denn es war die Liebe Gottes, die sein Leben verändert und schließlich zum Guten gewendet hatte.

Nachdem der Bestatter meine Wünsche notiert hatte, machte ich mich auf den Weg zum Grab meines Vaters. Ich drückte die kleine schmiedeeiserne Tür in der Friedhofsmauer auf und ging über den asphaltierten Weg, vorbei an der weiß getünchten Leichenhalle mit dem spitzen Türmchen über der kahlen Glocke. Da, wo der Stein seinen Platz finden sollte, steckte jetzt ein schlichtes Holzkreuz in dem frisch aufgeworfenen Erdhügel.

Der Wind trieb einzelne schwere Wolken über den sonst strahlend blauen Himmel und spielte mit dem Revers meiner Jacke. Es war ein sonniger, aber kühler Herbsttag. Während ich still am Grab stand, dachte ich an Vater. Ich sah sein verschmitztes Lachen, als er am Spielautomaten 120 Mark gewonnen hatte und uns danach stolz verkündete, wir würden bald zum ersten Mal in den Urlaub fahren. Ich dachte an die blaue Hose, die er uns zu Lauras Geburt geschenkt hatte. Ich ahnte, dass er nicht das Geld gehabt hatte, sie zu kaufen, und sich anders helfen musste. Umso mehr berührte mich seine Liebe. Unbedingt wollte er wissen, ob mir die Hose gefalle. Ja, sagte ich, er habe für seine Enkelin eine tolle Hose herausgesucht. Gleich am nächsten Tag brachte er die gleiche Hose in Grün.

Ich vermisste ihn.

Er war mein Vater.

Der Wind frischte auf und riss die ersten gelben Blätter aus den Linden hinter der Friedhofsmauer. Einzelne schwere Tropfen fielen zu Boden, aber es würde keinen Regen geben. Ich verabschiedete mich von Vater und ging in die Kirche gleich neben dem Friedhof. Oft war ich als Kind hierher vor ihm geflohen. Heute zündete ich eine Kerze für ihn an.

Es war gut, beim Grab gewesen zu sein. Es half mir, meine Gedanken zu ordnen und zur Ruhe zu kommen. Nun wollte ich zu Hause ein paar Dinge erledigen, die im Trubel der letzten Tage liegen geblieben waren. Ich setzte mich an meinen Schreibtisch. Aber aus irgendeinem Grund konnte ich mich kaum konzentrieren. Ich ging in die Küche hinüber. In der Kanne auf der Anrichte war noch Kaffee. Ich nahm eine Tasse aus dem Schrank und goss ihn hinein. Die kalten Schlucke schmeckten bitter. Im Wohnzimmer überlegte ich, den Fernseher einzuschalten. Doch kaum hatte ich mich auf die Couch gesetzt, stand ich wieder auf, schlenderte zur großen Glasschiebetür und sah in den Garten. Der Wind war stärker geworden. Er zauste Bäume und Büsche. Auf dem Esstisch lag meine Bibel. Würde sie mir Ruhe bringen können? Ich setzte mich und bat Gott, mir zu zeigen, was ich lesen sollte.

Ziellos blätterte ich in dem schweren Buch mit den verletzlich zarten Seiten. Beim einundneunzigsten Psalm blieb ich hängen und las.

„Wer im Schutz des Höchsten wohnt und ruht im Schatten des Allmächtigen, der sagt zum Herrn: ‚Du bist für mich Zuflucht und Burg, mein Gott, dem ich vertraue.‘ Er rettet dich aus der Schlinge des Jägers und aus allem Verderben. Er beschirmt dich mit seinen Flügeln, unter seinen Schwingen findest du Zuflucht, Schild und Schutz ist dir seine Treue.“

Ich sah auf. Wieso war hier vom Verderben und der Schlinge des Jägers die Rede? Was sollte mir das bedeuten?

„Du brauchst dich vor dem Schrecken der Nacht nicht zu fürchten“, las ich weiter, „noch vor dem Pfeil, der am Tag dahinfliegt, nicht vor der Pest, die im Finsteren schleicht, vor der Seuche, die wütet am Mittag. Fallen auch tausend zu deiner Seite, dir zur Rechten zehnmal tausend, so wird es doch dich nicht treffen. Ja, du wirst es sehen mit eigenen Augen, wirst zuschauen, wie den Frevlern vergolten wird. Denn der Herr ist deine Zuflucht, du hast dir den Höchsten als Schutz erwählt.“

Ich hatte kaum Augen für den Zuspruch der letzten Zeilen. Mir war, als würde ein schmaler Ledergurt immer fester um mich gezogen. Hastig las ich weiter.

„Dir begegnet kein Unheil, kein Unglück naht deinem Zelt. Denn er befiehlt seinen Engeln, dich zu behüten auf all deinen Wegen. Sie tragen dich auf ihren Händen, damit dein Fuß nicht an einen Stein stößt; du schreitest über Löwen und Nattern, trittst auf Löwen und Drachen. ‚Weil er an mir hängt, will ich ihn retten; ich will ihn schützen, denn er kennt meinen Namen. Wenn er mich anruft, dann will ich ihn erhören. Ich bin bei ihm in der Not, befreie ihn und bringe ihn zu Ehren. Ich sättige ihn mit langem Leben und lasse ihn schauen mein Heil.‘“

Kaum hatte ich den Psalm zu Ende gelesen, sprangen meine Augen wieder zum ersten Vers.

Dieser Text hatte etwas mit mir zu tun, das spürte ich. Angst stieg in mir auf. Ich wollte es nicht wahrhaben und hatte doch das bestimmte Gefühl, dass etwas Schreckliches passieren würde. Es war, als legte sich eisiger Winternebel auf alles, um das Leben zu ersticken.

Ich stand auf. Ich wollte nicht, dass mich durch die Glastür jemand sah. Schnell lief ich in die Küche hinüber und kniete mich auf den Boden.

„Himmlischer Vater", betete ich, „ich habe Angst. Halt du mich fest. Ich habe das Gefühl, dass etwas Furchtbares geschehen wird. Ich weiß nicht, was es ist. Wenn überhaupt, kann ich diesen Weg nur gemeinsam mit dir gehen. Lass mich nicht allein."

Es tat gut, mich Gott anzuvertrauen. Dennoch blieb eine unbestimmte Unruhe. Ich entschied, Sandra nichts zu erzählen. Das würde sie nur unnötig verunsichern.

Am nächsten Tag fuhr ich gemeinsam mit meinem Freund und Kollegen Erich nach Nürnberg. Einmal in der Woche trainierten wir hier mit mehreren Gruppen Selbstverteidigung. Der geplante Tag der offenen Tür sollte neue Interessenten anlocken. Außerdem war das für die Teilnehmer eine gute Motivation, denn hier würden sie ihr Können öffentlich präsentieren.

Am Samstagmorgen holte ich Erich mit dem Auto ab und wir machten uns auf den Weg. Sandra wollte mit Laura, einer Freundin und deren Sohn nachkommen. Wir hatten geplant, den Nachmittag in Nürnberg mit Bummeln, Eisessen und Shoppen zu verbringen.

Ich stand auf der Bühne und versuchte mir meine Enttäuschung nicht anmerken zu lassen. Der Raum war mit etwa 40 Leuten gut gefüllt. Insgeheim hatte ich aber auf mehr Besucher gehofft. „Bei uns ist jeder willkommen", sagte ich. „Jeder verdient eine Chance. Deshalb trainieren bei uns auch viele, die sich ein normales Training gar nicht leisten können. Bei uns machen sie kostenlos mit oder geben entsprechend ihrer finanziellen Möglichkeiten.

Und wenn Eltern ihren Kindern Schuhe, Shirts oder Trainingshosen nicht kaufen können, helfen wir, so gut wir können."

Jetzt klingelte bei meinem Freund Georg das Telefon. Ich hatte ihn im Publikum noch gar nicht entdeckt und freute mich, dass er gekommen war, um den Schnuppertag mitzuerleben. Schnell drückte er den Anruf weg und schaltete sein Handy stumm. Als er innerhalb von zwei Minuten zum dritten Mal angerufen wurde, ging er schließlich nach draußen und nahm den Anruf an. Während ich darüber sprach, dass Täter sich bevorzugt Opfer suchen, mit denen sie leichtes Spiel haben und dass daher das eigene Selbstbewusstsein eine wichtige Voraussetzung dafür ist, sie von vornherein abzuschrecken, beobachtete ich Georg durch die Glastür an der gegenüberliegenden Seite des Raumes.

Nach kurzer Zeit kam er wieder herein und gab mir ein Zeichen, ihm nach draußen zu folgen. Als ich ihm gegenüberstand, sagte er mir mit blassem Gesicht, dass Sandra einen Verkehrsunfall gehabt hatte. Sie sei schwer verletzt, die Beifahrerin tot.

Ich war wie gelähmt. Ich wollte und konnte es nicht fassen. Das durfte nicht wahr sein! Bestimmt handelte es sich um eine Verwechslung. Wahrscheinlich hatte sich der Anrufer verwählt oder es gab noch eine andere Sandra Stahl. „Und Laura?", platzte es aus mir heraus.

„Laura ist verletzt und mit Sandra auf dem Weg ins Aalener Krankenhaus."

Das Krankenhaus in Aalen kannte ich. Vielleicht hatte diese Geschichte tatsächlich etwas mit mir zu tun. Waren wirklich meine Sandra und meine Laura unterwegs zur Intensivstation? Und würden sie sie lebend erreichen?

Ich versuchte meine Gedanken zu ordnen. Tränen stiegen mir in die Augen. Ich wollte das nicht! Es durfte einfach nicht sein. Jemand sollte anrufen und sagen, dass das alles ein Versehen war.

Unbemerkt hatte sich Erich zu mir gestellt. Er legte seine Hand auf meine Schulter. „Komm", sagte er, „ich fahre dich ins Krankenhaus."

„Nein", erwiderte ich energisch, „ich fahre selbst. Ich bestimme, wann und wie wir im Krankenhaus ankommen. Telefonier du mit deinen Kollegen."

Im Auto setzte sich Erich auf den Sitz neben mir. Ich nahm ihn kaum wahr, hielt das Lenkrad mit beiden Händen fest umschlossen und sah starr auf die Straße vor mir. Die Freundin meiner Frau war tot. Wie ging es Sandra? Lebte sie? Lebte meine Tochter? Was war mit dem Jungen? Szenen eines Autounfalls zogen vor meinem inneren Auge vorüber. Sandras Auto auf dem Dach liegend, eines der Räder dreht sich noch, während aus dem Motorraum Kühlwasserdampf aufsteigt. Sandras regloser Körper auf dem scherbenübersäten Asphalt, unweit davon Lauras Babyschale mit leeren, herausgerissenen Gurten.

Die Bilder zerrissen mir das Herz. Wie oft hatte ich mich für das Wohl und die Gesundheit anderer eingesetzt! Aber jetzt, da meine Liebsten in Gefahr waren und dringend Hilfe brauchten, war ich kilometerweit entfernt und zum Nichtstun verurteilt.

Doch, etwas konnte ich tun. Ich konnte meinen himmlischen Vater bestürmen. „Jesus", betete ich, „ich weiß nicht, was ich denken soll. Dich will ich lieben, wenn es mir gut geht. Und ich will dich lieben, wenn es mir schlecht geht. Du bist mein Herr."

Gehöfte, Häuser, Strommasten und Felder huschten konturlos an uns vorüber. Zwischenzeitlich hatte Erich über seine Kollegen bei der Polizei ein paar weitere Informationen bekommen. Der Unfall hatte sich auf der Landstraße 1080 ereignet. Ein Frontalzusammenstoß. Die Kinder seien mit leichten Verletzungen davongekommen. Über Sandras Zustand konnte er mir nichts sagen.

Als wir nach zwei Stunden Autofahrt endlich in Aalen ankamen, hielt ich in der Nähe der Notaufnahme, sprang aus dem Wagen und hastete zur Notaufnahme. Eine schwere Doppeltür mit

Milchglasscheiben versperrte mir den Weg. Ich klopfte energisch an das Glas und wartete. Ungeduldig sah ich mich um. Erich stand hinter mir. Ich hatte ihn ganz vergessen und war dankbar, ihn jetzt an meiner Seite zu wissen. Dann starrte ich wieder auf die Tür, hinter der ich meine Frau vermutete.

Endlich tauchte auf der anderen Seite ein Schatten auf. Ein Mann im grünen Kittel mit rasiertem Schädel, einem freundlichen, runden Gesicht und einer ebenso runden Brille öffnete die Tür einen Spaltbreit und sah mich durch die schmale Öffnung an.

„Michael Stahl", sagte ich. Ich musste mich räuspern. „Meine Frau hatte einen Unfall und ist bei Ihnen. Kann ich sie sehen?"

„Ja, Ihre Frau ist hier", antwortete er. „Sie können sie aber nicht sehen. Sie wird gerade operiert."

Er sah mich schweigend an.

Das konnte unmöglich alles sein.

„Wird sie es schaffen?"

„Das weiß ich nicht." Er wirkte angespannt. „Das entscheidet sich in den nächsten Tagen."

Dann schloss er die Tür. Sein Schatten an der matten Scheibe wurde immer kleiner, je weiter er sich entfernte.

Kurz darauf traf ich im Wartebereich auf meine Schwiegereltern. Während der Fahrt hierher hatte ich mit ihnen telefoniert. Jetzt sahen wir uns gegenseitig in die traurigen, rot unterlaufenen Augen und nahmen uns schweigend in den Arm. Meine Schwiegermutter Elfi trug die gerade einmal einjährige Laura. Das Gesicht meiner kleinen Prinzessin war von Blutergüssen entstellt. Außerdem hatte sie sich das linke Schien- und Wadenbein gebrochen und eine Leberquetschung erlitten. Zitternd schloss ich sie in meine Arme und küsste sie behutsam.

Sandras Notoperation zog sich über mehrere Stunden. Es war tröstlich, nicht allein warten zu müssen. Obwohl ich mit meinen Schwiegereltern und Erich kaum ein Wort sprach, tat mir ihre Nähe gut.

Im Stillen betete ich zu Gott, er möge Sandra am Leben erhalten. Es war unerträglich für mich, still auf dem Stuhl zu sitzen. Wenige Meter von mir entfernt lag meine Frau reglos auf dem OP-Tisch. Und während die Ärzte um ihr Leben kämpften, waren mir die Hände gebunden. Alles, was ich tun konnte, war, sie zum Gebet zu falten. Vielleicht beobachtete der Arzt im Operationssaal genau in diesem Moment sorgenvoll Sandras immer schwächer werdenden Puls. Ich wusste es nicht. Zum x-ten Mal ging ich zur Toilette und schloss mich in der hintersten der drei aschgrauen Kabinen ein. Ich legte meine Stirn an die kühle Tür und hämmerte mit dem Kopf dagegen.

„Herr Jesus, bitte hilf!"

Ich weiß nicht, wie oft ich diese vier Worte an jenem Nachmittag und Abend gebetet habe. Mir war klar, ich konnte Sandra nicht helfen. Sie brauchte jetzt Hilfe von ganz oben. Beistand von dem, der den Menschen erdacht und das Universum gemacht hatte. Sie brauchte Hilfe von dem, der von sich sagen konnte: „Ich bin das Leben", der Blinde sehend gemacht und hoffnungslos Verkrüppelte aufgerichtet hatte. Sandra brauchte die Hilfe dessen, der den Jüngling aus Nain, die Tochter des Jairus und seinen Freund Lazarus von den Toten zurückgeholt und ihnen das Leben ein zweites Mal geschenkt hatte. Sie brauchte den, der all diese Wunder für andere tat und nie eines für sich selbst. Sie brauchte Jesus, der Dinge tat, die vor und nach ihm kein Zweiter getan hatte. Zu ihm betete ich.

Nach fünf quälend langen Stunden wurde ich endlich auf die Intensivstation gerufen. Ich durfte in Sandras Zimmer. Da lag sie von sterilem Weiß umgeben, angeschlossen an zig Geräte. Ihre Augen waren geschlossen.

Gemeinsam mit ihrem Vater Wolfgang stand ich neben dem Bett, als der Arzt hereinkam. Er trug seine Brille an einer dünnen schwarzen Kordel um den Hals, sprach leise und konzentriert. Er wirkte müde, als er die lange Liste der Verletzungen aufzählte.

Allein Sandras Beine waren an 40 Stellen gebrochen. Dazu kamen Brüche des Brustbeins und der Rippen sowie Quetschungen von Lunge und Leber. Während der Bergung aus dem Autowrack und auf dem Weg ins Krankenhaus hatte sie drei Liter Blut verloren. Ihre Körpertemperatur war auf 34 Grad abgesunken.

„Damit sie durchkommt, haben wir sie ins künstliche Koma versetzt", sagte der Arzt. Sein Blick ruhte auf Sandra, während er sprach.

Dann erfuhren wir, wie es zu dem Unfall gekommen war. Sandra fuhr auf einer Landstraße, die kurz hinter Unterriffingen leicht bergan führte und dann hinter einer Kuppe verschwand. Auf der einen Seite waren jenseits des Straßengrabens Büsche und Bäume. Auf der anderen schloss sich hinter den Strommasten ein freies Feld an. Etwa mit dem Doppelten der erlaubten 70 Stundenkilometer raste ein junger Mann über die Kuppe und katapultierte sein Auto in die Luft. Als die Räder wieder den Boden berührten, konnte er seinen Opel Signum nicht mehr kontrollieren und raste frontal in das Auto, in dem Sandra mit ihrer Freundin und den beiden Kindern saß.

Es war ein Wunder, dass Sandra lebte. Die fünffache Mutter auf dem Beifahrersitz war noch am Unfallort gestorben.

Der Arzt ging hinaus. Ich setzte mich neben meine Frau ans Bett. Wolfgang nahm seine kleine braune Taschenbibel heraus. „Lass uns sehen, was Gott uns jetzt sagen möchte."

Ich schloss meine Augen.

Was würde Gott in dieser dunklen Stunde sagen?

Ich hörte das leise Rascheln der Seiten, während Wolfgang blätterte. Dann hielt er inne und begann zu lesen.

„Wer im Schutz des Höchsten wohnt und ruht im Schatten des Allmächtigen, der sagt zum Herrn: ‚Du bist für mich Zuflucht und Burg, mein Gott, dem ich traue.'"

Fassungslos sah ich zu Wolfgang hinauf. Das waren die ersten Zeilen des einundneunzigsten Psalms, der mich gestern so sehr beunruhigt hatte. Ich hörte kaum, was mein Schwiegervater las. Als er fertig war, erzählte ich ihm, mit welcher Angst ich diese Verse am Vortag gelesen hatte und dass ich die Worte „Du bist für mich Zuflucht und Burg, mein Gott, dem ich vertraue" mehrfach gebetet hatte, um Ruhe zu finden. Jetzt hatte mein himmlischer Vater sie mir ein weiteres Mal zugesprochen. Wolfgang stiegen die Tränen in die Augen, als er meinem Bericht lauschte. „Jetzt bin ich sicher", sagte er, „Sandra schafft es, sie wird wieder gesund."

Er sah wieder in seine Bibel und las nun die letzten Verse des Psalms. Dabei setzte er anstelle des „er" ein auf Sandra bezogenes „sie" ein.

„Weil sie an mir hängt, will ich sie retten; ich will sie schützen, denn sie kennt meinen Namen. Wenn sie mich anruft, dann will ich sie erhören. Ich bin bei ihr in der Not, befreie sie und bringe sie zu Ehren. Ich sättige sie mit einem langen Leben und lasse sie schauen mein Heil."

Nach einer Weile kam der Arzt wieder herein, mit ihm eine Schwester und der Pfleger mit der runden Brille. Der Arzt ging zu einem der Geräte am Kopfende von Sandras Bett und drückte eine Taste. Sekundenlang sah er auf den Monitor, bevor er sich zu uns umdrehte.

„Ihr Körper muss unbedingt warm werden. Sonst kann der Kreislauf kollabieren."

Was der Doktor eben bedächtig formuliert hatte, klang in meinen Ohren höchst bedrohlich. Ich verstand, dass die geringe Körpertemperatur Sandras Leben gefährdete, und der Arzt erweckte nicht den Eindruck, als könne er leicht Abhilfe schaffen. Im Gegenteil, er wirkte ernsthaft besorgt.

Ich ging an Sandras Bett heran, sodass ich dem Mediziner gegenüber an ihrem Kopfende stand. Vorsichtig legte ich meine Hand auf ihre Finger, die aus dem weißen Verband hervorlugten. Sie waren kalt. Nacheinander sah ich den Arzt, die Schwester und den Pfleger an.

„Ich möchte für meine Frau beten."

Langsam schloss ich die Augen. „Herr Jesus, du bist das einzig wahre Licht auf der Welt, und wo Licht ist, da ist Wärme. Komm jetzt mit deiner Wärme. Amen."

Wolfgang kam zu mir und legte seine Hand auf meine Schulter. So standen wir und sahen abwechselnd auf Sandras blasses Gesicht und die grellgrünen Zahlen auf dem Monitor.

Dann geschah das Wunder. Wenige Minuten nachdem ich für Sandra gebetet hatte, beobachteten wir gemeinsam mit dem Arzt, wie die Nachkommastellen der Anzeige für die Körpertemperatur langsam höher kletterten. Ich konnte es kaum glauben und dachte im ersten Moment, dass es bloß eine Schwankung war. Sicherlich würde der Wert gleich wieder sinken. Doch nach und nach stieg er immer weiter. Bis er bei 36 Grad verharrte.

Mit einem zaghaften Lächeln in den Augen blickten Wolfgang und ich uns an.

Gott ist groß.

Nachdem Sandra aus dem Koma erwacht war, weinte sie viel. Obwohl sie Morphium und andere starke Medikamente bekam, hatte sie extreme Schmerzen und musste noch mehrmals operiert werden.

Ich sagte alle meine Termine und Vorträge ab und zog zu meinen Schwiegereltern, die wenige Kilometer vom Krankenhaus entfernt wohnten. So waren wir in Sandras Nähe und konnten uns gegenseitig stärken. Laura durfte schon bald wieder nach Hause. Wenn sie am zeitigen Morgen noch schlief, trafen wir uns im Wohnzimmer, zündeten Kerzen an, hörten Lobpreislieder, lasen uns gegenseitig Psalmen vor und beteten gemeinsam. Jeden Morgen riefen wir nach dem Frühstück im Krankenhaus an und erkundigten uns nach Sandras Gesundheitszustand. Die Nachricht, dass sie wegen einer schwerwiegenden Entzündung auf die Intensivstation zurückverlegt wurde, traf uns wie ein harter Schlag. Die andauernde Ungewissheit zehrte an meinen Nerven.

„Gott, ich kann nicht mehr", war das Einzige, was ich noch beten konnte.

Nach fünf Wochen durfte ich Sandra endlich nach Hause holen. Ich war unendlich erleichtert. Sie hatte es geschafft. Und doch lag noch ein weiter Weg vor ihr. Drei Monate durfte sie ihre Beine überhaupt nicht belasten. Behutsam hob ich sie in den Rollstuhl und schob sie auf kleinen Spaziergängen vor mir her. Ihre ersten Gehversuche machte sie mit einem Rollator. Unter Aufbietung aller Kräfte umklammerte sie die zwei schwarzen Moosgummigriffe und wagte sich wenige Meter von ihrer Bettkante weg. Ein paar Wochen später konnte sie sich schon fortbewegen, ohne dass jemand anderes jeden Schritt überwachen musste. Dann konnte sie auf Krücken umsteigen und schließlich, nach vier Monaten, die ersten freien Gehversuche unternehmen.

Es war eine mühsame Zeit, die ich ohne die Hilfe unserer Freunde und Familie wohl kaum überstanden hätte. Viele haben uns unterstützt und ermutigt. Unsere Freunde Gitte und Mike haben für uns Wäsche gewaschen, gebügelt und gekocht. Wenn ich ab und an in die Sportschule musste, um wenigstens die wichtigsten Dinge zu regeln, wusste ich Laura bei ihnen in guten Händen.

Wie sehr Gott uns in dieser Zeit versorgt und getragen hat, erkannte ich, als mich eine Freundin meiner Schwiegermutter anrief, die Sandra kaum kannte. Sandra lag noch im Koma, als sie mich fragte, ob sie mir von einem Traum erzählen dürfe. Ich hatte keine Ahnung, worauf es hinauslaufen würde, aber wenn sie extra deswegen meine Nummer erbeten hatte, würde sie ihre Gründe haben. „Ich habe heute Nacht von Sandra geträumt", begann sie. „Sandra ging mit einem Mann spazieren. Der Mann war ungewöhnlich groß und wirkte sehr edel. Er strahlte ein helles Licht aus. Auf mich wirkte er wie ein Engel. Gemeinsam mit Sandra ging er über eine weite Wiese, durch die sich ein Bach schlängelte. Die beiden liefen nebeneinander am Bach entlang. Sandra war ganz still und sagte die ganze Zeit nichts, aber der Engel sprach mit ihr."

„Weißt du, was er gesagt hat?"

„Ja, er sagte: Denn er befiehlt seinen Engeln, dich zu behüten auf all deinen Wegen."

„Psalm 91", ergänzte ich leise.

„Ja", bestätigte sie überrascht. „Woher weißt du das?"

Dann erzählte ich ihr meine Geschichte.

Vor Gericht

Sandra hatte den Rollator längst in die Ecke gestellt und konnte wieder sicher laufen. Noch immer stabilisierten Platten und Schrauben ihre Knochen und würden es ihr weiteres Leben lang tun. So wie die Narben auf ihrer Haut dauerhaft davon zeugten, wo die Verletzungen besonders brutal gewesen waren.

Auch bei mir hatte der Unfall bleibende Spuren hinterlassen. Wenn ich einen Krankenwagen mit Blaulicht sah, zuckte ich zusammen und dachte unweigerlich an den Unfall. Hörte ich ein Martinshorn, vielleicht auch nur von fern, lief mir ein Schauer über den Rücken. Dann tauchten manchmal die Bilder von der Intensivstation vor meinem inneren Auge auf oder die Fotos, die ich vom Unfallort gesehen hatte.

Und doch musste das Leben weitergehen.

Etwa ein halbes Jahr nach dem Unfall unternahm ich mit Sandra einen kleinen Spaziergang. Moderate Aktivitäten und Bewegung, hatte der Arzt gesagt, seien die beste Medizin. Wir liefen die Straße hinunter und durch die Felder am Fuß des Ipf, während ein milder Frühlingstag zu Ende ging. Die Sonne hatte das zarte Grün der aufsprießenden Saat und der austreibenden Hecken und Bäume den Tag über beinahe grell aufleuchten lassen. Jetzt war ihr Licht milder und wir genossen die letzten wärmenden Strahlen. Als wir wieder zu Hause ankamen, fiel mein Blick auf unser Auto, das noch vor dem offenen Garagentor stand. Einer spontanen Idee folgend, deutete ich darauf und sagte: „Du könntest es hineinfahren."

Erschrocken sah Sandra mich an. Ihr eben noch heiterer Blick war mit einem Mal eingetrübt und ich zweifelte, ob das wirklich eine gute Idee von mir gewesen war. Seit dem Unfall war sie noch keinen Meter selbst gefahren, und wenn ich den Wagen lenkte und wir in der Nähe der Unfallstelle vorbeikamen, vergrub sie den gesenkten Kopf in ihren Händen. Andererseits war es sicher nicht verkehrt, nach vorn zu schauen und die Herausforderungen des Lebens an den Hörnern zu packen.

„Du schaffst das", sagte ich und lächelte sie an.

Zaghaft griff Sandra nach dem Autoschlüssel in meiner offenen Hand. Sie betrachtete ihn lange und bewegte ihn in ihren Fingern, als wäre er ein ungewöhnlich schön gemusterter Stein, den sie eben gefunden hatte. Dann sah sie mich an.

„Du machst das gut ", sprach ich ihr Mut zu und nahm sie in den Arm. Ich spürte, wie sie mit sich rang. Etwas in ihr sperrte sich dagegen, ein Auto zu steuern. Dann drückte Sandra sich sanft von mir ab. Sie ging zur Fahrerseite und öffnete die Tür. Als sie auf dem Sitz saß, erstarrte sie. Sekundenlang rührte sie sich nicht und ich konnte nur ahnen, welche Bilder und Gefühle sie in diesem Moment durchfluteten. Sie hob die Hände und verbarg ihr Gesicht darin. Ihre Schultern zuckten, während sie schluchzend gegen die alten Schatten ankämpfte. Den Wagen zu starten und in die Garage zu fahren, war eine Herkulesaufgabe für sie.

Stück für Stück tastete Sandra sich ins Leben zurück. Bald brauchte sie beim Schuheanziehen keine Hilfe mehr. Nach und nach ging es auch mit dem Treppensteigen immer besser. Unser Familienalltag normalisierte sich. Ich bekam größere Freiräume, konnte das Training in der Sportschule wieder öfter selbst leiten und nahm mehr Angebote für Vorträge an.

Ein knappes Jahr nach dem Unfall sollten die Ereignisse von der Landstraße 1080 nochmals eine enorme Präsenz erlangen.

Die Staatsanwaltschaft klagte den Verursacher des Unfalls wegen fahrlässiger Tötung an und Sandra war als Zeugin zur Verhandlung geladen. Je näher der Termin kam, umso mehr wuchs Sandras Anspannung. Sie würde erstmals jenem Mann gegenüberstehen, der ihr Leben aus den Angeln gehoben und das ihrer Freundin zerstört hatte. Er selbst war damals nur leicht verletzt worden. Ein Feuerwehrmann, der zufällig in der Nähe gewesen war und den Knall des Aufpralls gehört hatte, war zuerst ihm zu Hilfe gekommen und hatte ihn aus seinem brennenden Auto geborgen. Wenn Sandra daran dachte, ihm zu begegnen, verkrampfte sich ihr Magen und Übelkeit machte sich in ihr breit.

Die Verhandlung fand in der ersten Etage des Ellwanger Amtsgerichts statt. Die Fensterrahmen des grau abgeputzten Gebäudes waren in dunklem Rot gestrichen. Als Sandra, ihre Eltern und ich den Verhandlungsraum betraten, war der bereits gut gefüllt. Etwa 40 Leute, unter ihnen einige Journalisten, saßen auf den Stühlen oder standen in Gruppen zusammen und unterhielten sich gedämpft. Wir gingen durch die Reihen nach vorn und setzten uns auf die für uns reservierten Plätze. An Sandras konzentriertem Blick erkannte ich, wie viel Kraft es sie kostete, hier zu sein. Die Unruhe ihrer Hände widerspiegelte ihren Gemütszustand.

Der Unfallverursacher saß rechts von uns. Während der gesamten Verhandlung hielt er den Kopf gesenkt. Fast regungslos verharrte er auf seinem Platz und sah auf die Tischplatte vor sich. Sein Gesicht war nicht zu erkennen. Ich sah nur seine schwarzen Haare. Wenn ihm eine Frage gestellt wurde, schwieg er. Dafür antwortete sein Verteidiger umso wortreicher und sprach von der großen psychischen Last, die sein Mandant seit jenem Oktobertag zu tragen habe und dass er manchmal schon gar nicht mehr wisse, ob er ihr gewachsen sei. „Hätte man mich bloß in dem Auto gelassen", zitierte er, was sein Mandant am Vortag geäußert hatte. Auch für den Fahrer des Opels war die Begegnung mit Sandra eine Herausforderung.

Auf der linken Seite des Raumes saß der Staatsanwalt. Er wollte keine Milde zulassen und zählte eine Liste früherer Vergehen des Angeklagten auf. Fahren ohne Führerschein. Mehrfaches Fahren mit deutlich überhöhter Geschwindigkeit, einmal mit 147 Stundenkilometern in einer geschlossenen Ortschaft. Darüber hinaus hätte er seinen Führerschein zum Zeitpunkt des Unfalls wegen anderer Vergehen längst abgeben müssen.

Lotrecht sitzend, hörte sich der Richter alles an. Seine hohe Stirn und die grauen Haare deuteten darauf hin, dass er die sechzig schon hinter sich gelassen hatte. Die runde Brille mit dünnem Rand betonte zusammen mit dem grauen Schnauzbart seine feine und freundliche Ausstrahlung. Bei einem guten Glas Wein stellte ich ihn mir als sympathischen Gesprächspartner vor. Doch im Moment bestimmten die Verhandlung und die vom Staatsanwalt und von Sandra präsentierten Details seinen ernsten Gesichtsausdruck. Er ließ sich nicht auf die vom Verteidiger geforderte Bewährungsstrafe ein und verurteilte den Angeklagten nach der Beratung mit den Schöffen zu 16 Monaten Gefängnis ohne Bewährung sowie vier Jahren Führerscheinentzug.

Das Urteil war gesprochen. Was wir schon zuvor gewusst hatten, war nunmehr rechtsgültig festgehalten. Eine Frau war gestorben. Das Leben einer anderen gezeichnet. Und der Verantwortliche ging dafür ins Gefängnis. „Dieses Urteil entspricht dem Gerechtigkeitsempfinden aller im Saal und kann doch für die schwer getroffenen Familien keine Genugtuung sein", sollte am nächsten Tag in der Zeitung zu lesen sein.

War es so? War das der Schlussstrich unter einem Kapitel, das nur Verlierer kannte?

Sandra hatte noch im Krankenhaus gelegen, als ich den Unfallfahrer in seiner Wohnung besucht hatte. Ja, er hatte meine Frau in den Vorhof des Todes geworfen. Aber was nützte es mir, ihn dafür zu verdammen? Und wer gab mir das Recht, ihm Vorhaltungen zu machen? War es nicht vielmehr so, dass der Zorn und die Wut auf ihn mein eigenes Herz durchbohrten wie schmutzige Pfeile? An einem Freitagabend ging ich zu ihm. Ich sah in seine traurig verängstigten Augen und sagte ihm, dass furchtbar war, was er meiner Familie angetan hatte. Und ich sagte ihm, dass ich ihm vergeben habe.

Es gab immer wieder Momente, in denen es mir schwerfiel, dieses Versprechen zu halten. Wenn ich Sandras schmerzverzerrtes Gesicht sah und merkte, wie sehr der Unfall unser Leben verändert hatte. Wenn ich spürte, dass er uns eine Leichtigkeit genommen hatte, die wir nie zurückgewinnen würden. Wenn ich mich dabei ertappte, mit dem Schlimmsten zu rechnen, sobald Sandra nicht auf die Minute genau zur abgesprochenen Zeit zu Hause eintraf. Oder jetzt, da mir durch die Verhandlung wieder alles so lebhaft vor Augen stand, als sei es erst gestern passiert, und die Gefühle in mir brodelten und schäumten wie die von einer Sturmflut aufgepeitschte Brandung.

Mein Blick begegnete dem meines Schwiegervaters. Ich spürte, dass wir denselben Gedanken hatten. Wortlos standen wir auf und gingen auf den wegen fahrlässiger Tötung Verurteilten zu. Langsam sah er zu uns auf.

„Ich verurteile dich nicht", sagte ich. „Es ist schlimm, was passiert ist, aber ich habe dir vergeben."

Der Mann hatte Tränen in den Augen. Seine Mundwinkel zuckten und es klang, als streiche kalter Wind durch eine Esse, als er mehrmals Luft holte. „Es tut mir so leid", murmelte er leise.

Hatte ich es richtig gehört? Hatte er das wirklich gesagt? Als ich ihn damals besucht hatte, wartete ich vergebens auf eine kleine Geste des Bedauerns, die ich mir so sehr wünschte. Wenn Sandra das gehört hätte. Ich hatte ihre Kämpfe besonders in den letzten Tagen und Wochen miterlebt. Immer wieder war in ihr der Groll gegen den aufgeflammt, der ihr diese Schmerzen zugefügt hatte. Wäre er nicht gewesen, wäre das frohe Lachen ihrer Freundin nicht verstummt. Hätte er sich an die Geschwindigkeitsbegrenzung gehalten, wären ihr die Schmerzen erspart geblieben. Dass sie sich nicht mehr hinhocken oder wie jeder andere auf den Boden setzen konnte, das waren Kleinigkeiten – verglichen mit dem, was passiert war und darüber hinaus hätte sein können. Und doch machten genau diese Dinge das Gebot der Nächstenliebe für Sandra zur Herausforderung. Das leise „Es tut mir leid" des Mannes vor mir konnte vielleicht eine Brücke für sie sein, die Vorwürfe ruhen zu lassen.

„Wenn du das wirklich ernst meinst", sagte ich, „dann sag es doch auch meiner Frau."

Ich ging zu Sandra und nahm sie in den Arm. „Willst du selbst mit ihm reden?" Zaghaft nickte sie.

Sie konnte und wollte ihn nicht von seinem Urteil befreien. Aber sie tat, was in ihrer Macht stand. Sie reichte ihm die Hand zur Vergebung.

Für Papa

„Hast du übermorgen am Nachmittag Zeit?" Hilda war am Telefon. Ich überlegte kurz. Sandra war am Donnerstag mit einer Freundin verabredet und wollte Laura zu dem Treffen mitnehmen. Am Mittwoch war Training, den nächsten Vortrag hielt ich am Freitag.

„Ja", antwortete ich.

„Gut", sagte sie. „Es gibt da zwei Brüder, die dich treffen wollen, Udo und Sören Barthel. Dann geb ich ihnen Bescheid, dass sie vorbeikommen können. Passt das?"

„Das passt", gab ich zurück und legte wieder auf. Ich hatte keine Ahnung, wer die beiden waren und was sie von mir wollten, aber das würde sich ja bald herausstellen. Zwei Tage später ging ich am Nachmittag in die Sportschule und wartete auf meinen Besuch.

Udo, der Ältere, war Inhaber einer kleinen Marketingagentur. Er war kräftig gebaut, trug eine Bluejeans zum Hemd mit offenem Kragen, darüber ein Sakko. Seine halblangen, lockigen Haare hatte er zurückgekämmt. Sören war sogar noch größer als sein Bruder. Er trug Anzug und Schlips und eine glänzende Uhr am Handgelenk. Ich glaubte ihm sofort, dass er bei einer Bank arbeitete. Ein Freund von Sören hatte ihnen von mir erzählt und gemeint, sie müssten mich unbedingt kennenlernen. Und da sie gerade in der Gegend waren, war es für sie eine gute Gelegenheit.

Ich zeigte den beiden die Sportschule, erzählte vom Training und von meinem System der *Modern Selfdefence Education,* nach dem ich hier unterrichtete. „Im Training üben wir aggressive und kontrollierte Selbstverteidigung und berücksichtigen dabei den psychischen Charakter der Schüler", erklärte ich.

Die zwei Brüder fanden alles interessant, großartig und fantastisch und amüsierten sich über die vielen Spiegel im Trainingsraum. „Da seh ich ja ständig meinen Bauch", bemerkte Udo trocken. „Brauchst du dafür einen Spiegel?", stichelte Sören. Ich hatte den Eindruck, die beiden hätten sich am liebsten gleich auf den Matten gerauft wie auf dem Hochbett damals im Kinderzimmer. Aber das trauten sie sich dann doch nicht. Nur bei den Pistolendummys konnte Sören nicht widerstehen. Er riss gleich zwei von der Wand und zielte mit beiden auf seinen Bruder.

„Oh, und was muss ich jetzt tun?" Udo machte einen unbeholfenen Ausfallschritt und hob seine flachen Hände versetzt vor seine Brust. Er sah nicht wirklich aus, als ob er den fingierten Angriff seines Bruders damit abwehren könne. Eher wirkte er wie der taumelnde O'Hara, kurz bevor Bruce Lee ihm in *Enter the Dragon* den entscheidenden Schlag versetzt. Mit gespielter Hilflosigkeit sah er mich an.

„Komm zum Training, dort erfährst du es", sagte ich lachend. „Wir nehmen jeden."

„Auch so unsportliche Typen wie mich?"

„Das kann ich mir kaum vorstellen", mischte sich Sören ein. Mit einer der Gummipistolen und zu Schlitzen verengten Augen zielte er jetzt auf sein Spiegelbild.

„Doch", sagte ich. „Zu mir sind schon Leute gekommen und meinten: ‚Ich war im Gefängnis und bekomme nirgends eine Chance. Ich habe alles gemacht außer Mord und Vergewaltigung.' Auch die sind hier willkommen. Wir trainieren aber genauso Leute, die körperlich eingeschränkt sind."

„Aber die üben dann in separaten Gruppen, oder?", warf Udo aufgebracht ein. Er hatte die Arme wieder heruntergenommen und schüttelte sie, während er zeitgleich mit den Schultern zuckte. Er hörte erst wieder damit auf, als die weißen Manschetten seines Hemdes fast vollständig in den Ärmeln des Sakkos verschwunden waren.

„Nein", erwiderte ich. „Aufeinander zu achten und sich gegenseitig zu helfen, gehört bei uns dazu."

„Das ist doch völlig ineffektiv!", meinte Sören.

„Effizienz ist nicht alles. Hier entlang, meine Herren." Ohne mich umzudrehen, ging ich die Stufen hinab. Im Bistro fragte ich, was sie trinken wollten. „Bier", sagte Sören, grinste und nahm ein Wasser. Wir saßen am selben Tisch, an dem ich Sandra am Tag unserer ersten Begegnung gefragt hatte, ob sie mich zum Training für den Papstbesuch begleiten wolle, und sie Ja gesagt hatte. Seither war viel passiert. Mein Leben war ein anderes geworden.

„Und was machst du, wenn du gerade kein Training hast?", fragte Udo, während ich Apfelschorle in sein Glas einschenkte.

„Ich kicke gern und verbringe viel Zeit mit meiner Familie. Dann ist da noch der ganze Papierkram. Außerdem halte ich Vorträge, zum Beispiel in Schulen."

„Wieso in Schulen? Du hast beim Papstbesuch gearbeitet und Ali beschützt. Was machst du jetzt in Schulen?"

„Zu viele Kinder werden in der Schule ausgegrenzt. Wenn ich denen helfen kann, macht mich das froh." Offensichtlich passte das nicht in das Bild, das sich die Brüder von einem Bodyguard gemacht hatten. Mit großen Augen guckten sie mich an und ich redete einfach weiter. „Vor vier Wochen war ich zum Beispiel im Schwarzwald. Ich hab den Kindern eine Aufgabe gegeben, die sie als Team lösen sollten. Ein Mädchen fand von Anfang an keinen Anschluss. Niemand wollte sie in der Gruppe haben. Weil ich das selbst erlebt habe, wusste ich, wie sie sich fühlte, und bat Gott, mir die richtigen Worte zu geben."

„Und, hat Gott geantwortet?" Udo grinste.

„Als die Kinder wieder auf den Matten saßen, fragte ich das

Mädchen nach seinem Namen. ‚Karen‘, antwortete es leise. Dann konfrontierte ich die anderen Kinder mit der Frage, warum sie Karen nicht leiden könnten. ‚Schon tausend andere haben versucht, das zu ändern. Sie werden das auch nicht schaffen‘, platzte ein Junge mit kurzen Haaren und abstehenden Ohren heraus.

‚Was ist leichter‘, fragte ich ihn, ‚in der Masse schwimmen und andere ausgrenzen oder sich zu dem stellen, dem alle den Rücken kehren?‘

Der Junge sah mich stumm an, aber dicht hinter ihm meldete sich ein Mädchen. ‚Ich möchte mich zu Karen setzen.‘ Wow. Damit hatte ich nicht gerechnet. ‚Ja‘, sagte ich, ‚das finde ich toll von dir. Du bist wirklich mutig.‘ Kaum hatte sie sich neben Karen auf die Matte gesetzt, stand schon ein zweites Mädchen auf und ging ebenfalls zu ihr. Kurz darauf war Karen von so vielen Mitschülern umringt, dass ich sie kaum noch sah.“

Mitten in der gut geheizten Turnhalle hatte ich damals eine richtige Gänsehaut bekommen. Und auch jetzt richteten sich wieder sämtliche Härchen auf meinem Unterarm auf. Zugleich beobachtete ich, wie Sörens Blick über Tischkicker und Pokale streifte und dann zu den Urkunden an den Bistrowänden hinüberwanderte. Es wirkte gelangweilt. Umso mehr überraschte mich seine plötzliche Frage.

„Michael, ganz ehrlich, warum machst du das alles?“

„Was denkst du?“

Sören kniff die Augen zusammen, sog die Luft ein und dachte nach. „Weil du sozial bist.“

„Nein, mit sozial hat es nichts zu tun.“

„Weil du christlich bist.“

„Also streng genommen ist der Teufel auch ziemlich christlich. Der weiß nämlich auch, dass es Gott gibt und seine eigenen Tage gezählt sind. Nee, mit christlich hat es nichts zu tun.“

„Dann weiß ich es nicht“, sagte Sören resigniert. Auch Udo

schien keine Idee zu haben und ich wollte den Bogen nicht über-
spannen.

„Hast du Jesus lieb?", fragte ich Sören.

Er zuckte kaum merklich zusammen. „Was ist das jetzt für
eine Frage?"

„Ich frag dich, ob du Jesus lieb hast. Das ist eine ganz normale
Frage", sagte ich.

Udo lehnte sich zurück und schlug die Beine übereinander.

„Ich könnte dich auch fragen, ob du deine Frau lieb hast, deine
Kinder oder deinen Arbeitsplatz. Aber ich frage dich jetzt halt, ob
du Jesus lieb hast."

Sören guckte Hilfe suchend zu seinem Bruder. Doch der hob
nur die Achseln und sah mich mit hochgezogenen Augenbrauen
an. Es war ein bisschen wie beim Kopfrechnen in der Grundschule. Wenn der Mathelehrer hastig fragte: „Was ist drei mal
drei geteilt durch neun?" ahnte ich, dass die Lösung ganz einfach
war, und brachte trotzdem keinen Ton heraus.

„Hast du Jesus lieb?", bohrte ich nach. „Sag doch einfach Ja
oder Nein."

„Tjaaa", sagte er gedehnt. „Wir feiern Weihnachten und ich
gehe ab und an in den Gottesdienst. Genügt das?"

„Das genügt nicht."

„Ja, dann hab ich ihn nicht lieb."

„Weißt du", sagte ich zu ihm. „Ich bin ein leidenschaftlicher
Fußballspieler. Als kleiner Bub habe ich mit meinen Freunden bei
jeder passenden und unpassenden Gelegenheit gekickt. Dann war
ich im Verein und heute macht es mir immer noch einen Rie-
senspaß. Eine Lieblingsmannschaft in der Bundesliga habe ich
auch."

Sören sah mich fragend an. Vielleicht grübelte er jetzt, ob ich
Schalke-, Dortmund- oder Bayernfan war. Oder er wunderte sich,
was meine Jesus-Frage mit Fußball zu tun hatte.

„Für mich ist es so", fuhr ich fort. „Das Leben ist ein Fußballspiel und der Papa steht am Spielfeldrand. Der richtige Papa! Keiner, der schimpft und nörgelt. Und ich spiele, grätsche und renne nicht, weil ich muss, weil mir das irgendjemand befohlen hat, sondern weil der Papa da ist. Es gibt nichts Schöneres, als wenn der Papa da ist. Als mein Vater beim FC Schlossberg am Spielfeldrand stand, war das für mich oft die Hölle. Aber mit Gott als Papa ist es etwas ganz anderes. Wenn ich dabei bin zu verlieren, dann ruft er: ‚Michael, ich bin da! Komm, gib noch mal Gas!‘ Und wenn ich trotzdem verloren hab, dann tröstet er mich. Er feuert mich an, er jubelt mir zu, er macht mir Mut."

Ich hätte minutenlang weiterschwärmen können, so genial ist es, den himmlischen Papa an meiner Seite zu wissen und seine Liebe in kleinen und großen Dingen zu erleben. Für mich gibt es nichts Schöneres, als diese Liebe mit anderen zu teilen, beim Training, in Schulprojekten oder bei einem Glas Apfelschorle mit diesen beiden Brüdern im Bistro.

„Und ihr", fragte ich schließlich und sah ihnen in die Augen, „für wen rennt ihr den Platz rauf und runter? Für wen köpft und grätscht ihr?"

Nachwort

Das ist tatsächlich eine der wichtigsten Fragen. Für wen köpfst du?

Für wen grätschst du? Für wen rennst du? Was machst du, wenn dich einer foult? Oder wenn du andere verletzt? Wohin gehst du mit Verletzung und Schuld? Wer spornt dich an? Wer ermutigt dich? Wer tröstet dich? Wer jubelt dir zu? Und wohin gehst du, wenn einmal der Schlusspfiff ertönt und du das Spielfeld verlassen musst?

Vermutlich kann meine Geschichte dir nicht alle diese Fragen beantworten und doch denke ich, dass es nicht der Zufall war, der dir dieses Buch in die Hände gelegt hat.

Viele Jahre meines Lebens lief ich mit großen Wunden herum. Ich lief weg, betäubte mich mit Arbeit, lenkte mich ab. Genau genommen war ich auf der Flucht. Ich ließ es niemanden spüren, aber in Wahrheit war ich jahrelang voller Schmerz. Ja, ich war bockig und dumm. Verzeih, wenn ich so direkt bin. Aber ich bin dankbar, dass ich nichts mehr beschönigen oder umschreiben muss, das kostet nur Zeit und Kraft. Ich kann heute so offen reden, weil ich einen Ort habe, wo ich alles Versagen, alle meine Schuld, alle nicht gebrachte Liebe ablegen darf.

Dieser Ort ist das Kreuz.

Nicht das aus Stahlträgern zusammengeschweißte Gipfelkreuz auf dem Beiberg oder einem der vielen anderen Berggipfel. Ich meine das Kreuz auf dem Hügel Golgatha. Weil Jesus dort für uns am Kreuz hing, wurde dieser Hügel buchstäblich zur Müllkippe des Universums. Hier kann ich all meine Scham, meine Schuld und mein ganzes Versagen ablegen. Damit wurde dieses Gipfelkreuz für mich der Gipfel der Liebe Gottes zu mir.

Zu diesem Kreuz kann jeder kommen, wie er ist. Auch du.

Mich beeindruckt immer wieder, dass Jesus nicht nur nackt im Dreck eines Stalles geboren wurde, sondern auch nackt im Dreck starb. Was für ein Gott, der das aus Liebe tut! Er tauschte seine Himmelskrone gegen eine Dornenkrone. Er verließ die Herrlichkeit des Himmels, um im Dreck dieser Erde geboren zu werden und dort auch zu sterben.

Weil er das getan hat, weil er die dunklen Seiten dieser Erde kennengelernt hat, können wir zu ihm gehen, wenn es uns dreckig geht. Keine Scham ist ihm zu viel, keine Schuld ist für ihn zu schwer. Er liebt uns unendlich. Diese Liebe macht mich frei. Auch wenn einiges in meinem Leben noch im Argen ist – besonders der Unfall meiner Familie hinterließ bei mir deutliche Spuren –, Jesus und ich, wir sind dran. Und das Geniale daran ist: Ich muss es nicht aus eigener Kraft tun. Ich lasse mich von ihm gesundlieben.

Was bleibt mir an Bitte für dich?

Gott sehnt sich nach Beziehung zu uns Menschen. Seine Zehn Gebote sind zehn Ideen für gesunde Beziehungen. Beziehung zu Gott und Beziehung zu Menschen und damit zu uns selbst. Sie sind nicht dazu gemacht, dein Leben einzuengen. Gott gab sie aus Liebe. Damit wir Frieden erhalten und ihn schaffen, wo er fehlt. Das erreichen wir nur, wenn wir in ständiger Vergebung leben.

Ich durfte in meinem Leben vier Formen der Vergebung kennenlernen. Ich bitte dich, lass keine davon aus!

1. Nimm Gottes Vergebung an – denn keiner kann sich selbst erlösen. Was wir nicht tun können, hat er bereits getan. Seine Vergebung ist ein Geschenk an uns.
2. Vergib dir selbst – warum noch länger tragen, was er schon trug?

3. Vergib allen Menschen, die dich verletzt haben – das bedeutet nicht, etwas gutzuheißen, sondern es weiterzugeben, abzugeben ...

4. Bitte andere um Vergebung – diese Bitte ist entwaffnend, sie ist nicht anklagend, sie ist ein unbeschreiblicher Akt der Demut, sie ist ein Beweis wahrer Stärke.

In jeder der vier Formen der Vergebung ist das Geschenk der Freundschaft enthalten. Ja, Gott streckt uns Menschen seine Hand entgegen und bietet uns seine Freundschaft an. Sei dir selber Freund und versöhn dich mit den Menschen um dich her, wo immer du kannst. Heute ist ein guter Tag, um Frieden zu machen. Heute ist ein guter Tag, denen, die du liebst, zu sagen, wie sehr du sie liebst.

Warte damit nicht bis morgen. Du weißt nicht, was morgen sein wird. Sprich die Liebe heute aus. Erlebe die Wunder, die ich erleben durfte.

Vielleicht denkst du jetzt, dass meine Geschichte von deiner so grundverschieden ist, dass das bei dir nicht funktionieren wird. Ich sage dir, es ist nicht so wichtig, was von den anderen zurückkommt. Wichtig ist zuerst, was du gibst. Wahre Liebe fordert nichts zurück. Sie stellt keine Bedingungen.

Also mach es heute!

Bitte Gott noch heute, in dein Herz zu kommen!

Vergib dir heute noch!

Vergib allen und bitte um Vergebung – heute.

Wer morgen nach Frieden sucht, lebt heute noch im Krieg. Heute ist ein guter Tag, um Liebe auszusprechen. Was wir aus Liebe tun, bleibt in Ewigkeit.

Ich danke Martin Schmiedel von ganzem Herzen für die Art und Weise, wie er meine Lebensgeschichte verfasst hat. Ich vertraute ihm das Tiefste aus meinem Leben an. Gemeinsam besuchten wir die prägendsten Orte meines Lebens. Dabei erinnerte ich mich an Dinge, die ich meinte schon lange vergessen zu haben. Immer wieder wurde mir dabei klar: Egal was war, ich war nie allein. Gott hat mich mein ganzes Leben begleitet.

In den Stunden, in denen ich selbst vor Trauer nicht mehr gehen konnte, hat er mich getragen. Er wich selbst dann keinen Millimeter von mir, als ich schwere Schuld auf mich lud.

Ja, ein guter Vater liebt sein Kind immer, egal was es angestellt hat. Gott ist der beste Vater. Und wir dürfen zu ihm sogar Papa sagen. Ich hoffe und wünsche dir, dass du diesen wunderbaren himmlischen Papa beim Lesen gespürt hast.

Lange Zeit haben der Verlag und ich nach einem Autor für meine Lebensgeschichte gesucht. Wir haben ihn gefunden. Ich habe ihn gefunden, aber nicht nur einen Autor, sondern auch einen Freund.

Michael Stahl
Bopfingen im Frühjahr 2016

Helma Bielfeldt

Helma – wer bremst, verliert

*Die Geschichte einer
radikalen Kehrtwende*

192 Seiten, gebunden
ISBN 978-3-7655-0907-0

Respekt verschafft sich Helma Bielfeldt mit den Fäusten. Als Präsidentin eines eigenen Motorradklubs muss sie sich niemandem mehr unterordnen. Die Leute tun, was sie sagt. Das Gefühl, Macht über andere zu haben, gibt ihr Genugtuung. „Unten sein" – das kennt sie zur Genüge. Jahrelang hat sie die Schläge ihrer Mutter ausgehalten. Jetzt ist sie „oben". Glücklich ist sie immer noch nicht, aber sie lässt sich nichts mehr gefallen, teilt bei Schlägereien immer mehr aus, als sie einstecken muss. Erst als sie der großen Liebe begegnet, fällt die harte Schale von ihr ab.

„Jesus Christus sitzt jetzt am Lenker meines Lebens, und ich muss sagen, er fährt oft mit einer rasanten Geschwindigkeit."

Helma Bielfeldt

**LChoice App
kostenlos laden,**
dann Code scannen
und ganz einfach
beim Buchhändler
Ihrer Wahl bestellen

BRUNNEN VERLAG GIESSEN
www.brunnen-verlag.de